이기는 말의 기술

화내거나 큰소리 내지 않고
이기는 말의 기술

· 최찬훈 지음 ·

추수밭

프롤로그

작정하고 말싸움을 걸어오는 사람을 누를 수 있을까?

바둑 고수들 사이에서 금과옥조로 여겨지는 격언 중에 '상대 손 따라 두면 망한다'라는 말이 있다. 상대가 짜 놓은 구도에 휘말리면 필패한다는 뜻이다. 바둑은 상대의 구도를 허물고 나의 구도를 세우기 위한 치열한 수 싸움이라고 해도 과언이 아니다.

　말의 공박이 치열하게 오가는 논쟁에서도 마찬가지이다. 사람들은 진중권을 두고 '말을 잘 한다'고들 하지만, 사실 그 표현만으로는 부족하다. 오히려 '말의 길을 잘 안다'고 해야 정확하다. 그는 상대가 짜 놓은 말의 구도를 깨고 자신에게 유리하게 만들어 치고 나갈 줄 아는 몇 안 되는 사람 중 하나이다. 괜히 대표 논객으로 불리는 게 아니다. 그러면 누구나 진중권이 될 수 있을까?

억울하면 지는 거다

살다 보면 상대의 말에 감정이 상하는 상황을 수없이 경험한다. 그 상황은 멀고 가까운 이와 대화를 하거나, 어떤 문제를 두고 토론이나 논쟁을 하거나, 시정잡배들이 핏대 세우며 험한 말을 치고받는 상황까지 다양하다. 이 보이지 않는 신경전에서 누군가는 이기고 누군가는 진다.

누구나 그렇겠지만, 지고 싶지 않은 게 인지상정이다. 좋게 말해 대화이고 논쟁이고 토론일 뿐, 그 속성은 거칠게 말해 말싸움에 지나지 않는 상황에서라면 특히 그렇다. 보라, 우리 주변에 대화나 토론이라는 이름으로 그럴 듯하게 포장된 말싸움이 얼마나 많은가! 기본적인 논리도 통하지 않는다면, 그것은 말을 무기로 진검승부를 가리는 전쟁일 뿐이다!

이 말의 전쟁에서 패배한 자에게는 억울함만이 남는다. 아무리 생각해도 내가 더 정당한데, 그럼에도 그 정당성이 상대의 사술詐術에 휘말려 심각하게 훼손되었다면, 그때 느끼는 억울함은 아마도 살면서 겪는 감정들 중 가장 견디기 힘든 것일 터이다. 그 억울함을 다시는 겪고 싶지 않았고, 그래서 어떻게 하면 악의적인 말 공격을 효과적으로 방어할 수 있을지에 대해 공부하기 시작했다.

점잔 빼는 화술 책은 가라!

실제로 서점가에는 화술에 관한 책이 여럿 있었다. 그중에는 제법 베스트셀러 행세를 하는 책도 있었다. 하지만 이런 책들을 섭렵하고 나서도, 배운 게 전혀 없다고는 할 수 없지만, 왠지 아쉬움이 남았다. 뭐랄까, 화장실 다녀와서도 시원하지 않은 느낌이랄까.

이유는 간단하다. 하나같이 비현실적이기 때문이다. 특히나 강단에 갇혀 지내며 말의 전쟁이 다반사로 일어나는 현장에서 동떨어져 있는 저자가 쓴 책들에는 소크라테스가 어떠니, 연역과 귀납이 어떠니 하는 뜬구름 잡는 이론들만 붕붕 떠다닌다. 그런 것들은 실전에서 쓸모가 없다. 예고도 없이 여기저기서 말의 펀치들이 날아오는 판에 '논리란 무엇일까요?' 따위가 들어올 리 만무하다. 기타를 배우는데 기타의 역사를 주야장천 늘어놓으며 C코드 하나 가르치는 데 몇 주나 걸린다면 그건 제대로 된 강의가 아니다. 지금 당장 교활한 말싸움꾼들의 간사한 공격을 막아내고 내 억울함을 풀어 줄 한 방이 절실하다.

실전에 앞서 기본을 먼저 익혀야 한다는 주장을 무시하는 건 절대 아니다. 기본, 중요하다. 말싸움에 대처하는 법에도 기본은 중요하다. 그렇다고 기본만 죽어라 가르쳐서야 어디 얄미운 상대에게 잽이라도 하나 날리겠나? 그러나 아쉽게도 아무리 찾아봐도 실전에 바로 써먹을 수 있는 스킬 100% 책은 구경조차 할 수가 없었다.

또 하나 아쉬운 것은 상대에 대한 예의를 지나치게 강조하는 것이다. 그러다보니 이게 화술 책인지 도덕책인지 헷갈릴 정도이다. 실제로 토론 관련 책을 읽다 보면 상대를 존중해야 한다거나, 말하기보다 듣기가 중요하다거나 하는, 하나 마나 한 윤리 강좌를 장황하게 늘어놓는 경우가 많다. 그러면 '이게 무슨 토론의 기술이야? 토론의 예의지!' 하는 생각이 저절로 든다. 물론 상대가 있는 모든 게임에서 상대를 존중하고 예의를 갖춰 대하는 것은 필요하다. 그러나 그런 것은 이미 학교에서 다 배우지 않았나! 지금 당장 내게 필요한 건 나를 존중해 주지 않는 상대를 반격할 반전의 기술이다.

그러니 결국 스스로 연구할 수밖에 없었고, 이 책은 그렇게 승부사를 위한 실전 교본이라는 임무를 띠고 태어났다. 따라서 이 책에는 연역법이니, 논리적 오류이니, 순환 논증이니 하는 이론들은 거의 없다. 그저 실전에서 평생 써먹을 수 있는 스킬들만 꽉꽉 채워 놓았다. 그것도 누구나 쉽게 이해할 수 있는 표현으로 설명하려 애썼다.

예의는 잠시 접어 두자

이 책의 본론으로 들어가기 전에 꼭 밝혀 두고 싶은 말이 있다. 이

책을 읽는 동안만큼은 그럴 듯한 토론의 기술은 잊고 철저하게 말싸움의 기술에만 집중해 달라는 것이다. 우리는 TV에서 〈100분 토론〉이나 대통령 선거 후보 토론 같은 고품격 토론 장면을 자주 보지만, 현실에서 그와 같은 경험을 할 일은 거의 없을 것이다. 실제로 주변에서 흔히 겪는 장면은 토론이 아니라 언쟁言爭이다. 즉, 말싸움이다. 복싱 경기와 길거리 싸움의 기술이 완전히 다른 것처럼, 나의 실질적인 이익과 자존심을 지키기 위해서는 〈100분 토론〉이나 대선 후보 토론과는 차원이 다른 스킬로 무장하고 말싸움에 임해야 한다.

이 책의 전제도 마찬가지이다. 일상에서 말을 무기로 펼쳐지는 싸움에서 이기는 기술을 전수한다. 먼저, 언쟁에서 언제 가장 많이 패할까? 바로 '나는 별 생각 없이 가볍게 이야기했는데, 갑자기 상대가 작정하고 달려들 때'이다. 상대는 공격을 해야겠다고 마음먹고 들이대는데 반해 나는 준비가 안 되어 있으니 제 아무리 뛰어난 승부사라도 제대로 대응하지 못하는 것은 당연하다.

프로레슬링 선수로서 역전의 장사였던 역도산도 방심했을 때 피습당하면 꼼짝 못하고 당할 수밖에 없었다. 신사들의 대결이라면 기본적으로 우선 상대에게 장갑을 던져 마음의 준비를 할 시간을 주겠지만, 역도산을 기습한 야비한 야쿠자 무리에게 그런 예의는 눈곱만큼도 찾아볼 수 없었다. 그리고 안타깝게도 우리 주변에서 많이 볼 수 있는, 남을 짓누름으로써 자신을 돋보이게 하려는 말싸움꾼들도 그와 같은 짓거리를 반복한다. 이럴 때 '이건 싸움이다'라는 분명한 인식은 승부를 가르는 데 중요한 역할을 한다. 이런 일은 일상생활 도처에서 발생한다.

여기서 현실은 싸움이라고 강조하니 좀 비정해 보일 수도 있겠다. 그래서 오해를 조금이나마 덜고자 덧붙이자면, 내가 싸움꾼이 되어 아무에게나 싸움을 걸라는 게 아니라, 나는 가만히 있는데도 누군가 내게 싸움을 걸어온다는, 그 부인할 수 없는 사실을 받아들이자는 것이다

취업이든 조직 생활이든, 언제나 당신을 깎아내려 상대적 이익을 보려는 사람들은 있으며, 그들은 선량한 당신과 나를 호시탐탐 노린다. 왜 소시오패스들이 조직에서 더 출세를 잘하겠는가? 바로 그들의 이런 가차 없는 파이팅 정신 때문이다. 그러니 우선은 잠시 예의는 접어 두고 최소한 그들로부터 자신을 지킬 수 있는 기술적 준비는 해 둬야 하지 않을까?

가려졌던 진실이 드러나는 순간을 위해

다행히도 인간 사회는 물리적 힘이 부딪히는 동물의 세계와 달리 일단은 육체적 폭력에 의한 싸움을 법으로 금하고 있다. 따라서 어쨌

거나 성인이 되고 정상적인 사회 체제에 들어선다면 주된 싸움의 무기는 주먹이 아니라 바로 말이다. 그러니 얼마나 다행인가! 거의 타고난 힘으로 결정되는 육체적 싸움과 달리 말에 의한 싸움은 지식과 기술을 습득하면 비교적 선천적 제약 없이 실력을 발전시킬 수가 있으니 말이다.

다만, 말싸움에서 승자도 대체로 악의적 인간들이기 마련이다. 직장과 조직에서 '너를 깎아내리고 내가 올라가겠다!'라는 생각으로 틈만 나면 남을 흠집 내는 인간들은 그 이기적 투쟁 본능으로 어려서부터 싸움의 기술을 체득해 왔기 때문이다. 당하는 쪽은 늘 경쟁하기 싫어하는 선한 사람들이다. 그러니 그럴수록 그 선한 정당성을 지키기 위해 싸움의 기술을 익혀야 한다. 나를 짓밟고 올라가려는 사람은 반드시 나에게 말로 싸움을 걸고 불이익과 불명예를 안겨 주려 할 것이다. 거기에 대항해 나를 지킬 수 있어야 한다.

유도, 쿵푸, 가라데, 주짓수 같은 무술들은 애초 나를 지키기 위해 고안된 기술들이었다. 무술을 처음으로 만들어 낸 사람 중에는 약자도 많았다. 주짓수의 원조 엘리오 그레이시는 키가 160cm도 되지 않은 사람이었다. 하긴, 체격이 좋고 힘이 세면 별다른 기술이 필요 없을 것이다. 그냥 힘으로 찍어 누르면 그뿐이니. 반면 힘으로는 도저히 당할 수 없다고 판단한 사람이 기술을 연구하기 마련이고, 그것이 무술로 발전한 것이다. 무술이 그러하듯, 말싸움의 기술은 일상에서 마주치는 모든 악의적 상대로부터 나의 소중한 진실을 지켜 줄 것이다. 이 책이 부디 그 든든한 지름길이 될 수 있기 바란다.

사실 모든 인간사 중에서 가장 중요한 것은 상황의 진실이 정확히 밝혀지는 일이다. 어쭙잖은 일반론과 상투적인 문구를 통해 진실을 덮고 어정쩡하게 넘어가려는 자세를 강하게 비판하며 가급적 말을 줄여 언어의 장막을 치우고 실체적 진실을 있는 그대로 보려 하는 사람이 훌륭한 인격자이다. 말이란 그런 사람과 나눌 때만이 기쁨과 보람을 느낄 수 있다. 그런 의미에서 여기서 다루고 있는 화법들은 단순히 말로 이겨 먹기 위한 것이 아니다. 오히려 말을 오용하는 사람들에게서 진실을 드러내고 그들로부터의 부당한 패배를 막기 위한 것임을 거듭 밝힌다.

차례

프롤로그
작정하고 말싸움을 걸어오는 사람을 누를 수 있을까? ··· 4

PART 1 말의 전쟁은 이렇게 시작된다 _기본기 다지기

도대체 내가 왜 당한 거지? ··· 19
〈100분 토론〉은 잊어라 | 싸움은 느닷없이 시작된다 | 방어의 첫 걸음, 분류하기

자존심을 건드리는 인격 공격 ··· 24
성격 건드리기 | 능력 깎아내리기 | 과거 일 들추기 | 불리한 상황 악용하기 | 열등감 유발하기 | 구조를 알면 길이 보인다

주장이 있는 곳에 논쟁이 있다 ··· 32
오직 주장만이 논란을 부른다 | "이 세상에 협상은 없다" | 논리력으로는 결코 이길 수 없다 | 논리력이 아니라 논거력이다

반격의 시작, 연결하기와 연결 끊기 ··· 43
모든 주장은 두 개 이상의 개념으로 묶여 있다 | 가치와 행동의 연결을 끊어라 | 가치와 가치의 연결을 끊어라 | 진중권의 연결 공격

공수의 핵, 논거력을 키워라 ··· 54
내 손 안의 만능키, 논거력 | '불패 논거'의 조건 | 논거 요구하기 | 논거 공격하기 | 디테일을 요구하라 | 신뢰도에 의문을 던져라

PART 2 이기는 말 vs 지는 말 _응용 기술 익히기

이게 그거고, 그게 이거라고? •동일화 전술• ··· 69
"이게 그거고, 그게 이거라니까!" | 동일화 전술의 전개 과정 | 동일화의 오류 증명하기 | 역동일화로 카운터펀치를 | "잘못된 비유입니다" | 궁지에 몰리면 시간을 벌어라

잘 붙이고 잘 떼는 사람이 이긴다 •넓히기와 좁히기 전술• ··· 92
공격은 최대한 넓게 | 방어는 최대한 좁게 | 언제 넓히고 언제 좁히나 | 비판의 격을 높이는 법

말과 행동이 100% 같은 사람은 없다 •모순 전술• ··· 105
강용석의 모순 전술 | 없으면 만들 수도 있다 | 표적을 늘리는 법 | 더 많이 말하게 하라 | 도발을 유도하라

승리로 가는 교두보, 이미지를 선점하라 •올가미 전술• ··· 117
이미지가 곧 생명이다 | 한국인이 두려워하는 올가미들 | 몰인정 올가미 | 싸움꾼 올가미 | 무뢰한 올가미 | 부정주의자 올가미 | 역으로 올가미 씌우기

내 편을 늘리거나 상대를 끌어들이거나 •물귀신 전술• ··· 146
내 편을 늘리고 상대편을 줄여라 | 너도 마찬가지! | 인지상정에 호소하기

모든 질문에는 함정이 숨어 있다 •질문 공격•　　… **157**
질문이 공격이다 | 주제 이탈을 노린 질문 | '당신은 이거 모를 걸?' | 부정적 이미지로 몰아가기 | 기 싸움의 전초전 | 오세훈 vs 한명숙 | 질문 공격에 대처하는 세 가지 방법

누가 왜 정당한 비판을 왜곡하는가? •매도 전술•　　… **179**
은근슬쩍 나쁜 사람 만들기 | 어떻게 빠져 나갈 것인가? | 유시민의 경우 | 이기는 구도 설정하기 | 정당한 비판을 왜곡하는 사람들 | 말의 내용이 아니라 의도를 밝혀라

무에서 유를 창조하다 •해석의 기술 Ⅰ•　　… **192**
논쟁에도 문학적 상상력이 필요한 이유 | "왜 말을 돌려요?" | "현실은 알지도 못하면서" | "전부 그런 건 아니죠" | "그래서 아예 하지 말자고요?" | "인격 모독이에요" | 창작도 해석이다 | 해석을 통한 매도에 대처하는 법

단어의 의미를 훔쳐라 •해석의 기술 Ⅱ•　　… **208**
국어사전을 믿지 마라 | 보편적 가치의 테두리에서 벗어나지 말 것 | 공격용 단어를 찾아 재정의하기 | 새로운 단어를 제시하라

승리는 준비된 자의 것이다 _패러다임 전환하기

싸우지 않고 이기는 법도 있다 ··· 221
호랑이가 으르렁거리는 이유 | 상승常勝보다 무패無敗를 지향하라 | 평소 말과 행동에 무게를 실어라

패배를 대하는 우리의 태도 ··· 226
승부는 생물과 같다 | 독일 축구가 일본 축구와 다른 점 | 궁극적 승리를 위해

PART 1

말의 전쟁은
이렇게 시작된다
_기본기 다지기

도대체 내가
왜
당한 거지?

....〈100분 토론〉은 잊어라

사실 TV에서 보는 〈100분 토론〉이나 대학생 토론 배틀 같은 경우는 실제 우리가 일상생활에서 벌여야 하는 말의 전쟁에 비하면 아주 단순한 싸움이다. 싸움이라기보다 스포츠에 가깝다. 일단 TV 토론이나 각종 토론 대회는 준비할 시간이 있으며 중재하는 사회자도 있다. 일상에서는 경험하기 어려운 지극히 신사적인 게임인 셈이다.

그에 반해 평범한 우리가 수행해야 하는 말의 전쟁은 온갖 인격모독과 기습 공격이 판치는 너저분한 게임이다. 더구나 그저 이기기만 하면 되는 대회와는 달리 승부 후의 관계에 미칠 수많은 요소까지 복합적으로 고려하기도 해야 한다.

일례로, 우리가 관계를 맺고 있는 사람 중에는 말로 이기면 절대 안 되는 사람도 있고, 이겨도 아주 곱게 이겨 드려야 하는 사람도 있다. 직장 상사가 부당한 지시를 내릴 때, 그걸 일방적으로 말로 눌러 꺾으면 그 순간은 넘길 수 있을지언정 나중에 더 큰 보복을 당할 수 있다. 윗사람의 권위를 중요하게 생각하는 우리나라 문화에서는 '이긴 게 이긴 것이 아닌' 경우가 너무나 많다.

이처럼 승리 이상의 승리를 고려해야 한다는 점에서 실전으로서 말의 전쟁은 TV에서 펼쳐지는 논객들의 현란한 토론보다 훨씬 더 고차원적인 기술을 요구한다.

물론 토론을 잘하는 논객이 자유자재로 구사하는 각종 기술은 우리에게도 폭넓게 적용될 수 있고, 이 책에서도 충분히 다룰 것이다. 다만, 우선은 우리가 현실에서 직면하는 말의 전쟁은 TV 토론이나 토론 대회 같은 점잖 빼는 경우보다 훨씬 넓은 범위의 싸움이라는 점을 알아 둘 필요가 있다.

토론도 말싸움의 한 부류이기에 이 책은 분명 토론 실력도 크게 높여 줄 것이다. 하지만 이 책의 가장 큰 목적은 기본적으론 토론을 넘어서는 '말로 하는 모든 싸움'에서 유용한 기술을 전수하는 것이라는 사실을 다시 한 번 강조한다.

....싸움은 느닷없이 시작된다

현실에서 우리가 수행해야 하는 말의 전쟁이 가진 가장 큰 특징은 역시 아무런 예고도 없이 갑자기 시작된다는 점이다. 공식 토론이 올림픽 복싱 경기처럼 정형화된 스포츠라면, 우리가 살면서 접하는 말싸움은 길을 가다가 난데없이 난봉꾼에게 뒤통수를 맞는 것에 비유할 수 있다. 난다 긴다 하는 최고의 복싱 선수도 갑자기 등 뒤에서 가격해 오면 맥없이 주저앉을 수밖에 없다.

마찬가지로 평소에 악의적 말 공격에 대비하는 기술을 익혀 두지 않으면 느닷없이 치고 들어오는 선제공격으로부터 내 삶을 방어할 수 없다. 길거리 싸움에 규칙이 없는 것처럼 우리가 일상에서 겪어야만 하는 말싸움에도 규정이나 룰 따위는 없다.

인터넷 검색창에서 '싸움 잘하는 법'을 검색해 보라. 하나같이 선제공격의 중요성을 강조한다. 이 원리는 모든 싸움에 적용된다. 토론이든 대화이든 논쟁이든 모든 말싸움에서도 마찬가지이다. 먼저 치고 들어가면 그만큼 유리해지는 건 당연하다. 선제공격을 당한 쪽은 인격, 자존심, 지식의 정도 등에서 상처를 받을 수밖에 없고, 반격에 나서기 전에 그 상처를 복구하는 과업부터 수행해야 한다.

....방어의 첫 걸음, 분류하기

이 책을 보는 당신은 선량한 사람일 것이기에 남을 쓸데없이 먼저 공격하는 일은 절대 하지 않을 것이다. 그렇다면 고려해야 할 것은 역시 누군가로부터 가해 오는 공격이다. 현실에서 벌어지는 모든 말싸움은 반드시 공격자의 선제공격으로 시작하기 때문에 선량한 우리는 각종 말 공격을 미리 유형별로 분류해 놓을 필요가 있다.

이때 분류를 한다는 건 실체를 파악해서 정의해 놓는다는 뜻이다. 그러면 갑자기 말 공격을 받더라도 당황하지 않고 적절한 대응책을 재빨리 뽑아 낼 수 있게 된다. 공격을 받는 순간 그게 어떤 유형인지 몰라서 대응이 늦어지면 피해가 커진다. 마치 슬라이더의 개념을 이해하지 못하고 있는 타자는 실전에서 슬라이더가 들어왔을 때 치지 못하는 것과 마찬가지이다.

말 공격의 종류를 파악해 놓으면 좋은 게 또 하나 있다. 갑자기 찾아온 반격의 기회를 허투루 보내지 않을 수 있다는 점이다. 악의적 공격이 느닷없이 시작되듯 반격의 기회도 어느 순간 갑자기 찾아온다. 그때 상황에 맞는 말 공격을 가하기 위해서는 평소에 그 종류와 개념을 이해하고 연습해 두어야 한다. 그렇지 않으면 그 절호의 기회를 놓치고 나서 '아! 그때 이렇게 말해 줬어야 하는데' 하고 땅을 치며 후회하게 된다.

그런 후회를 반복하지 않기 위해서라도 미리 말 공격의 유형을 숙지해 두자.

자존심을
건드리는
인격 공격

일단 공격은 공격하는 대상이 있기 마련이다. 따라서 공격의 종류도 공격 대상에 따라 유형화할 수 있다. 상대를 말로 공격할 때도 흔히 공격 대상에 따라 다음처럼 두 가지 유형으로 나눌 수 있다.

　　1. 인간 자체에 대한 공격(인격 공격)
　　2. 그 사람이 말하는 주장에 대한 공격

인격과 주장, 이 두 가지가 말 공격의 대상이다. 공격자 입장에 서든 방어자 입장에서든 이 틀에서 생각하면 대응책을 찾는 데 더 수월해진다. 상대를 공격하기 위한 말도 빨리 만들 수 있고, 그 공격을 방어하기 위한 말도 빨리 구성해 낼 수 있다.

이중에서도 역시 인간 자체에 대한 공격, 즉 인격 공격이 더 치명적이다. 방어하는 입장에서도 대응하기가 더 까다롭다. 인격 공격은 다시 대략 다섯 가지 유형으로 나눌 수 있다.

....성격 건드리기

1. "그런 말을 하다니 당신 너무 쪼잔한데?"
2. "그거 하나 못 참고, 뭘 그 정도 가지고 화를 내요?"

살다 보면 어디서든 이런 말을 습관적으로 하는 사람을 만날 수 있다. 그만큼 주위에서 흔히 듣는 말이기도 하다. 이런 표현을 쓰면 말하는 사람은 상대방에 비해 더 포용력이 넓고 성격이 좋은 사람처럼 보이는 효과를 누릴 수 있다.

하지만 논리적으로 따지면 말도 안 되는 얘기이다. 상대방의 성격을 비하하는 사람이 포용력이 크고 성격이 좋을 리 없기 때문이다. 성격 좋은 사람은 상대의 마음을 배려하는 사람이지 않은가! 그런 주제에 남의 성격에 대해 이러쿵저러쿵 어깃장을 놓는 건 한마디로 적반하장이다.

그런데 현실에서는 정반대 현상이 일어난다. 즉, 문제는 갤러리들에게는 공격자의 성격이 더 좋아 보인다는 사실이다. '구경꾼들은 절대 논리적으로 생각하지 않는다'는 것을 기억하기 바란다.

....능력 깎아내리기

1. "당신이 취업을 못하는 건 당신이 무능해서 그런 거지. 왜 사회 탓을 해요?"
2. "부장님이 자네를 나무란 건 자네 능력이 부족해서 그런 것 아닌가?"

두 번째 인격 공격은 상대방의 능력을 공격하는 것이다. "입시 위주의 교육이 문제야"라고 지극히 올바른 비판을 했는데도 "그건 네가 공부를 못하니까 열등감에서 나온 말이야"라고 되받는 경우가 그렇다. 입시 경쟁이 과열되어서 사회적 손실이 발생하는 것과 내가 공부를 못하는 건 아무 상관이 없다. 그런데도 은근슬쩍 두 가지를 연결시키고, 더 나아가 나의 인격을 조롱하며 통쾌해한다. 지극히 야비한 공격이다. 더 난감한 것은 이런 공격을 받고 나면 딱히 대응할 말이 찾기가 어렵다. 논리적으로도 안 맞고, 게다가 비열하기까지 한 화법이다.

'성격에 대한 공격'과 마찬가지로 '능력에 대한 공격'은 상대하기가 참 까다롭다. 공격에 대해 답변을 늘어놓으면 놓을수록 구차해 보이기 때문이다. 한 번 구차함의 함정에 빠지면 빠져나오기가 좀처럼 쉽지 않다. 따라서 함정에 빠지지 않는 게 최선의 방어이다. 구체적인 방법은 뒤에서 자세히 알아보기로 하자.

....과거 일 들추기

1. "지난번에도 회사를 때려치우더니만, 또 무슨 불만이에요?"
2. "지난번에 사업 하나 말아먹은 팀에 있었으면서 뭔 말이 많아요?"

사람은 누구나 일이 잘 안 풀려서 고난을 겪을 때가 있다. 악의적인 공격을 일삼는 사람은 바로 이 점을 빌미로 공격해 들어온다. 자신의 과거사는 생각하지도 않은 채 남의 사소한 잘못은 두고두고 공격의 빌미로 삼는 사람들이다.

회사에서 흔히 볼 수 있는 사례로는 자기는 매번 이기적 권리를 주장하면서 정작 남이 무언가를 비판하면 불평불만분자로 낙인찍는 사람을 들 수 있다. 대개 자신의 과거를 반성하는 능력이 떨어지는 사람일수록 남의 과거를 자주 공격하기 마련이다. 자신을 되돌아보고 반성하지 않는 사람은 자신이 제법 괜찮은 사람이라고 착각하기 때문이다.

누군가가 과거사를 들먹이며 공격해 오면 어떤 식으로든 응징해 주는 것이 정의이다. 그렇다면 어떻게 응징할 것인가? 평소에 상대를 잘 관찰해 두면 좋다. 그에게도 분명 과거사가 있고 약점이 있을 것이기 때문이다. 자신이 저지른 행동이나 말을 되돌려주는 것처럼 강력한 무기는 없다. 게임이론에 따르더라도 받은 대로 돌려주는 것이 최고의 전략이다.

....불리한 상황 악용하기

1. "비정규직 주제에 뭘 안다고 나서요?"
2. "승진도 못 하고, 만년 사원 주제에 무슨 말이 많아요?"

현재 그 사람의 지위나 처지가 그의 모든 것을 대변해 주지는 못한다. 그러나 우리 사회에 만연한 속물근성은 많은 사람이 한 사람의 발언을 그 자체가 아니라 그가 처한 지위나 처지에 따라 판단하게 만든다. 억울해도 현실이 그러니 어쩔 수 없다. 그다지 어디 자랑스럽게 내세울 만한 처지에 있지 않은 내가 그 악조건에서도 나의 주장을 관철시키려면 상대의 악의적 공격을 어떻게 피할 것인지에 대해 숙고해 둘 필요가 있다.

....열등감 유발하기

1. "다른 사람이 사치한다고 욕하는 건 당신이 부자에 대한 열등감을 갖고 있기 때문이 아니에요?"
2. "명문대 학생을 비난하는 건 당신이 공부를 못해서 하는 질투일 뿐이에요."

파괴력이 가장 크고 한 번 당하면 마땅히 대처하기 힘든 공격이다. 더구나 우리 사회에는 이런 식의 공격이 정당하다고 생각하는 사람도 많다. 돈 많은 사람, 잘생기고 매력 넘치는 남녀, 성공한 사람을 공격하는 건 그들을 질투하는 것이거나 비뚤어진 열등감을 드러내는 것이라고 믿는 사람을 실제로 우리 주변에서 자주 볼 수 있다.

하지만 이 논리를 지나치게 확장해 버리면 우리 사회의 부도덕한 기득권층이나 자기 잘났다고 남을 무시하거나 업신여기는 사람을 제대로 응징해 줄 수 없다. 잘난 인간이든 못난 인간이든 누구나 잘할 때도 있고 못할 때도 있다. 잘난 인간이라고 해서 잘못했을 때 비판을 덜 받고, 못난 인간이라고 해서 똑같은 잘못에 더 많은 욕을 먹어서도 안 된다. 아니, 오히려 돈 많고 스펙 좋은 사람일수록 더 많은 비판을 받는 게 그들에게 좋은 약이 될 수도 있다. 따라서 질투와 열등감을 유발하는 비열한 공격이 가해져 왔을 때 적절하게 대처하는 요령을 터득해 놓는 것은 어쩌면 우리 모두를 위한 일일 수 있다.

.... **구조를 알면 길이 보인다**

지금까지 인간 자체를 공격하는 파괴적인 인격 공격의 종류를 알아보았다. 회사나 조직 생활을 하다 보면 이런 인격 공격이 난무하는 말의 전쟁에 어쩔 수 없이 끌려들어 갈 수밖에 없지만, 아무리 룰이 없는 싸움이라고 해도 그 도구가 말인 이상 일정한 구조 안에서 이뤄지게 된다.

    따라서 이 말의 구조를 종류별로 명확히 파악해 놓으면 언제 어디서 느닷없이 이런 종류의 저열한 공격을 받았을 때 효과적으로 대처할 수 있을 것이다. 더 나아가 무분별하게 남을 깔아뭉개고 타인의 인격을 가볍게 여기는 사람에 대해서는 반격의 도구로도 사용할 수 있다.

우리는 보통 어떤 사안의 구조를 잘 파악하고 유형화해서 미리 대비해 놓는 사람을 두고 "능숙한 사람"이라고 말한다. 이제 이 책이 당신을 어떤 종류의 말 공격에도 의연하게 대처할 수 있는 '능숙한 승부사'로 만들어 줄 것이다.

주장이 있는 곳에 논쟁이 있다

.... **오직 주장만이 논란을 부른다**

대화에 서툰 사람은 나의 진실을 지키기 위해 상대방의 이야기를 반박하고 싶을 때 어떻게 하면 좋을지 순간적으로 판단을 하지 못할 수 있다. 간단하게 생각하면, 인간으로서 상대 자체를 공격하거나 상대의 말을 주장으로 전환해 공격하면 된다.

처음부터 악의가 없다는 것을 전제로 하면, 기본적으로 오직 누군가의 주장에 의해서만 말싸움이 시작된다. 예를 들어, 어떤 외국인이 "한국은 너무 작은 나라라서 나쁘다!"라고 말하면 논란이 일어날 개연성이 있다. 그 이유는 여러 가지가 있겠으나 말의 구조에서 보면 근본적으로 이 말이 주장이기 때문이다. 대신 "한국의 국토 면적은 99,720㎢이다"라고 말했다면 논란이 일어나지 않았을 것이다. 이 말은 주장이 아니기 때문이다.

이 말은 어떤가? "우리 회사는 더욱 발전해야 합니다." 아마 그 누구도 이 말을 공격할 수 없을 것이다. 이 말은 얼핏 주장처럼 보이지만 실제로는 주장이 전혀 아니기 때문이다. "한국의 국토 면적은 99,720㎢이다"처럼 그저 당연한 사실을 굳이 입의 근육을 써서 무의미하게 되뇐 것에 불과하다. 그러나 "회사의 발전을 위해 올해 임금은 동결해야 합니다!"라고 주장을 하면 그때부터는 논박이 벌어지고 공격도 당하게 된다.

그렇다면 이렇게 생각해 볼 수도 있겠다. 만일 우리가 주장이 포함된 말을 전혀 하지 않고 산다면 어떨까? 당연히 최소한 말을 빌미로 남에게 공격당할 일은 거의 없을 것이다. 그러니 만일 평생 언쟁에 얽히고 싶지 않다면 방법은 간단하다. 평생 어떤 주장도 하지 않으면 된다. 그러나 아쉽게도 내가 아무리 조심해도 싸움은 일어나기 마련이다. 언제라도 상대가 나를 공격하는 주장을 해 올 수 있기 때문이다.

이때 상대의 발언이 주장이냐 아니냐를 나누는 기준은 그 말에 '지향적 의도'가 담겨 있느냐 여부이다. 예를 들어, 그냥 "한국의 국토 면적은 99,720㎢이다"라는 말은 주장이 아니지만, 한국 경제의

미래와 국토 발전을 위해 건설 개발 전략을 펴야 한다는 논리가 뒤따른다면 이 말은 주장이다.

오늘도 수많은 사람이 자신의 주장을 관철시키려 하고 그 결과 격한 언쟁에 휘말리고 한다. 나의 주장을 내세워 남을 설득할 수 있다고 믿기 때문이다. 물론 그건 천만의 말씀이다.

.... "이 세상에 협상은 없다"

흔히 수면욕, 식욕, 성욕을 인간이 가진 원초적 3대 욕망이라고들 말한다. 그런데 사실 여기에 '자기과시욕'을 더해 4대 욕망으로 불러야 할 것이다. 자기과시욕은 나머지 세 가지 욕구만큼이나 뿌리치기 힘들다.

우리는 일상에서 자기과시욕을 충족시키기 위해 주로 돈, 지위, 명품 같은 것에 집착한다. 그리고 이것들만큼 중요한 도구가 하나 더 있다면, 바로 어떤 사안에 대해 자기주장을 펼치면서 폼을 잡는 것이다. 남들 앞에서 멋들어지게 자기주장을 펼치며 좌중을 휘어잡는 리더십을 뽐내는 것은 누구나 한번쯤은 마음속으로 그려보는 판타지이다.

하지만 아쉽게도 현실에서는 말 그대로 판타지에 불과하다. 간혹 대화법 책들을 보면 상대를 설득하는 법이나 협상에 임하는 자세를 유난히 강조하는 것을 볼 수 있는데, 실제로 일상에서는 순수하게 화술만으로 상대의 마음을 바꾸는 일은 거의 일어나지 않는다. 오죽하면 스탈린은 아예 "이 세상에 협상은 없다"라는 말을 남겼을까. 스탈린도 수도 없이 협상을 시도했지만 그게 그다지 효과가 없다고 느낀 것이다.

실전에서 협상은 없다. 누군가의 주장에 동조하는 것처럼 보이는 사람들이 있지만, 그들도 알고 보면 진심으로 동조한 게 아니라 권력이나 상황에 따라 끌려간 게 대부분이다. 그렇다면 애초 주장은 참으로 무용한 것인지도 모른다.

그렇다고 주장을 완전히 피하며 살 수도 없다. 생존 자체를 위해, 혹은 더 큰 고통을 피하기 위해 우리는 어쩔 수 없이 자기주장을 펼쳐야 할 때도 있고, 느닷없이 상대의 주장에 맞닥뜨리는 상황도 수시로 견뎌야 한다. 이럴 때, 주장과 주장이 맞부딪히는 혼전에서 조금이라도 상처를 덜 받으려면 평소에 악의적 주장을 가려내고 무마하는 기술을 연마해 두어야 한다. 그것만이 나의 진실을 지킬 수 있는 방법이다.

이제 본격적으로 논쟁을 일으키는 주장을 유형별로 분류하고, 각각의 경우에 어떻게 대응하면 좋은지 알아보자.

....논리력으로는 결코 이길 수 없다

흔히 주장은 '주장하는 바'와 '주장을 뒷받침하는 논거'로 이루어져 있고, 대부분의 언쟁은 특히 논거 자체를 반박하는 식으로 진행된다. 그래서 흔히 논리력이 뛰어난 사람이 토론을 잘한다거나 논리로 싸운다는 말을 많이 한다. 하지만 막상 실제 대화에서 언쟁이 붙으면 논리력은 아무짝에도 쓸모가 없어진다. 왜 그럴까?

논리력은 논리적으로 말하는 힘, 혹은 논리적으로 생각하는 힘으로 풀어 이해할 수 있다. 그렇다면 대체 논리는 정확히 무슨 뜻일까? 국어사전은 이렇게 정의하고 있다.

> **논리**論理 : 말이나 글에서 사고나 추리 따위를 이치에 맞게 이끌어 가는 과정이나 원리

다소 길게 설명되어 있지만, 핵심은 간단하다. 한마디로 논리란 '이치에 맞는 이야기'이다. 그럼, 이치에 맞는 이야기란 또 뭔가? 이것도 간단하다. 예를 들면, 아래와 같은 것이다.

1. 모든 고양이과 동물은 발톱을 숨길 수 있다.
2. 치타는 고양이과 동물이다.

3. 따라서 치타는 발톱을 숨길 수 있다.

　너무나 당연하고 맞는 말이다. 이 '너무나 당연하고 맞는 말'이 일상에서 경험하는 논리의 전부라고 해도 과언이 아니다. 치타가 고양이과 동물이라고 말하는 데 무슨 대단한 능력이 필요하지 않듯이, 사실 논리적으로 말하는 것 자체는 절대 대단한 능력을 필요로 하지 않는다. 논리라는 말을 써서 거창해 보이지만, 실상은 그저 '논리=맞는다고 정의되어 있는 것을 말하는 것'일 뿐이다.

　그런데도 논리력이 무슨 대단한 힘이라도 되는 것처럼 과대 포장되는 이유는 뭘까? 특히 아동용이나 청소년용 책에서 이런 현상이 두드러지게 발견되는데, 학부모나 선생님이 '논리력 마케팅'에 곧잘 넘어가는 이유는 뭘까? 많은 사람들이 논리라는 말에 뭔가 대단한 것이 있다고 그릇된 느낌을 갖게 되는 이유는 바로 논리를 추론, 유추, 추리와 혼동하기 때문이다.

　당연한 얘기지만 논리력만으로 상대의 주장을 꺾을 수는 없다. 논리가 토론이나 대화에서 얼마나 쓸모없는지 살펴보자.

1. 도둑질은 남의 물건을 훔치는 짓이다.
2. 남의 물건을 훔치는 건 나쁜 짓이다.
3. 따라서 도둑질은 하면 안 된다.

이치에 맞지 않는 부분이 있나? 없다! 지극히 논리적인 이야기이다. 바로 논리학 수업에서 가장 대표적으로 가르치는 삼단논법, 즉 A→B이고 B→C이니 A→C라는 명제이다. 이 당연한 명제가 실제 대화에서는 얼마나 쓸모없어지는지 다음 사례를 보면 알 수 있다. 위에서와 같이 삼단논법에 기댄 주장이다.

1. 사형은 사람을 죽이는 것이다
2. 사람을 죽이는 건 나쁜 일이다
3. 따라서 사형은 나쁜 일이다

A(사형)→B(죽이는 것), B(죽이는 것)→C(나쁜 일), 따라서 A(사형)는→C(나쁜 일)라는 삼단논법이 구사되고 있다. 그런데 이 삼단논법이 잔혹범의 사형을 주장하던 사람에게 '아, 다시는 사형을 집행하지 말아야 하겠군!'이라는 느낌을 갖게 할까? 만일 당신이 사형제를 찬성하는 사람이라면, 과연 저 말을 듣고 의견을 바꾸게 될까? 천만의 말씀이다. "A=B이고 B=C니까 A=C 아냐? 이렇게 논리적이니까 내 말이 맞지 않아?"라는 말로는 사형제 주창자들의 마음을 되돌리는 건 고사하고 그들의 주장에 생채기 하나 낼 수 없다. 수많은 논리학 책과 강사들이 그럴듯하게 폼을 잡는 것과는 달리 의외로 논리력은 '말장난 놀이'라는 판을 벗어난 현실 세계에서는 전혀 중요한 역

할을 하지 못한다.

물론 삼단논법 자체의 무용론을 주장하는 것은 아니다. 다만, 교과서 속에서만 그럴 듯해 보인다는 것이다. 일상생활에서 대화가 힘들고 까다로운 건 그런 논리가 잘 통하지 않기 때문이다. 좀 유명하다는 논리 교육 콘텐츠에 빠짐없이 등장하는 논리적 오류도 그렇다. 이것이 무슨 대단한 것인 양 장황하게 설명하지만, 현실에서는 하등 도움이 안 된다. 전건/후건 긍정의 오류를 보자.

1. 모든 늑대는 죽는다.
2. 그것은 죽는다.
3. 그러므로 그것은 늑대다.

전형적인 후건 긍정의 오류이다. 정말이지 말도 안 되는 사례이다. 아니 세상에 "저것은 죽었으니 늑대다"라고 이야기할 사람이 어디 있겠느냐 말이다. 아무리 후건 긍정의 오류를 설명하기 위해 사례를 극단적으로 단순화한 것이라거나 현실에서도 이와 같은 구조를 가진 오류를 발견할 수 있다고 주장한다 해도 선뜻 받아들이기 어렵다. 논리적 오류를 교육한다는 현장에서 사용되는 또 다른 사례를 보자.

A : 당신은 예술에 무지하다. 왜냐하면 당신은 그림을 못 그리기 때문이다.

B : 그럼 나는 왜 그림을 못 그릴까?

A : 그건 당신이 예술에 무지하기 때문이다.

A : 이번 추석 보너스는 내가 제일 많이 받아야 한다.

B : 왜 당신이 제일 많이 받아야 하나?

A : 그건 내가 일을 제일 잘했으니까.

B : 왜 당신이 일을 제일 잘하나?

A : 그건 내가 보너스를 제일 많이 받으니까.

실생활에서 이런 말도 안 되는 대화를 하는 사람을 본 적 있는가? 1970년대 〈유머 일 번지〉에서도 통하지 않을 4류 개그 같은 예시문이 실제 논리 교육 현장에서 사용되고 있으니 답답하다. 동의를 하든, 하지 않든, 암기 위주의 한국 교육이 안고 있는 심각한 문제이지 않을 수 없다. 이런 식의 교육은 그저 '다음 중 후건 긍정의 오류인 것은?'이라는 문제에 찍기용으로 제시된 답으로만 의미가 있을 뿐 실제 대화를 할 때나 사고력을 향상시키는 데는 아무런 도움도 되지 못한다.

....논리력이 아니라 논거력이다

우리가 보통 논리 이론으로 무장한 사람들이 하는 말을 들어도 전혀 마음을 기울일 수 없는 것도 이 때문이다. 그만큼 '강단 논리학'은 현실성도 떨어지고, 실제로 현실에서 그다지 필요하지도 않은 분야라는 의미이다. 주위를 둘러보면 금방 알 수 있다. 우리가 대화를 하면서 "네 말은 후건 긍정의 오류야. 순환논증의 오류에 빠졌어"라고 말하면서 승리를 확정짓는 일은 거의 없다. 승패는 그렇게 판가름 나지 않는다. 그러니 현실과 동떨어진 논리 이론 따위는 무시해도 좋다.

그렇다면 대화의 승패를 결정짓는 것은 도대체 무엇일까? 쉽게 이해하기 위해 위에서 제시한 논리 전개를 다시 한 번 살펴보자.

1. 사형은 사람을 죽이는 것이다.
2. 사람을 죽이는 건 나쁜 일이다.
3. 따라서 사형은 나쁜 일이다.

이 말이 그다지 설득력이 없다는 건 중학생만 되도 느낄 수 있다. 그럼 왜 이 말이 설득력이 없는가? 한마디로 현실성이 없는 탁상공론이기 때문이다. 한번 분석해 보자.

사람을 죽이는 건 나쁜가? 맞는 말이다. 사형은 사람을 죽이는 것인가? 여기까지도 맞는다. 그런데 "따라서 사형은 나쁘다"라고 하면? 대번에 반발하는 사람이 생긴다. 딱 봐도 설득력이 떨어진다. 왜 이 논리로는 설득력이 생기지 않는가? 어설픈 논리나 이론으로는 설명할 수 없는 현실적인 사정이라는 게 있기 때문이다. 그런 현실적 반대 사례를 찾는 통찰력은 '논리를 배웁시다' 하는 어쭙잖은 교육과는 하등 상관이 없다.

어설픈 논리보다 우리에게 더 필요한 것은 적절한 논거를 만들고 공격 포인트를 짚을 줄 아는 기술이다. 그 포인트만 제대로 알면 논리를 몰라도 상대와의 대화를 유리하게 이끌 수 있다.

반격의 시작,
연결하기와 연결
끊기

....모든 주장은 두 개 이상의 개념으로 묶여 있다

대부분의 스포츠는 공격과 방어로 이뤄진다. 세부적으로 들어가 보면 참으로 다양한 요소들이 있지만, 기본 공식은 유사하다. 어떤 종목이든 공격과 수비가 있다. 축구를 예로 들면, 공격의 기본은 '상대방 골대 방향으로 공을 이동시킨다'는 것이고, 방어의 기본은 '나의 골문을 상대방 공으로부터 지킨다'는 것이다. 대화도 일종의 게임으로 규정하고 보면, 일정한 말 공격 지점을 생각해 볼 수 있다.

상대의 말에 대해 반격하는 것은 축구로 치면 슛에 해당하는 것이다. '연결 공격'도 그중 하나이다. 연결 공격은 크게 '개념 정의 연결'과 '가치 연결'이 있으며, 이들 각각에는 다시 상대방의 연결을 끊는 방법과 부정적인 사항으로 강제 연결시키는 방법이 있다. 세부적으로 살펴보자.

앞에서 소개한 사형제 폐지 삼단논법을 사례로 들면, 이 주장의 핵심은 '사형은 사람을 죽이는 것이니 나쁘다'는 것이다. 여기서 '나쁘다'라고 이야기하는 것은 결국 '나쁘니까→하지 말자'라고 하는 것과 같다.

사형＝나쁘다＝하지 말자

하지만 반론하는 입장에서 보면 이야기가 달라진다. '나쁘다고 꼭 하지 말아야 하나? 세상에는 나빠도 꼭 해야 하는 일이 있다'는 주장을 할 수 있다. 즉, '나쁘다'와 '하지 말아야 한다'가 꼭 연결되어야만 하는 것은 아니라는 반론이 가능하다.

나쁘다 ≠ 하지 말아야 한다

나쁘다→그렇지만 할 수도 있다.

이 패턴이 바로 우리가 상대방 주장에 반격하기 위해 우선 고려해 볼 수 있는 연결 끊기 공격이다.

이 방법이 매우 효과적인 이유는 대부분의 주장이 하나의 단위 개념으로 이루어지지는 않기 때문이다. 최소 두 개 이상의 단위 개념이 하나로 묶여야 주장이 성립된다. 예를 들어, '김태희는 예쁘다'라는 주장이 있다고 해 보자. 여기서 등장하는 두 개의 의미 단위는 '김태희'와 '예쁘다'이다. 이 두 개의 단위 개념은 혼자 있을 때는 절대 주장이 될 수가 없다. 길바닥에서 아무리 "김태희"라고 소리 높여 외쳐 봐야 그건 아무 주장도 되지 않는다. '예쁘다'라는 말도 마찬가지이다.

하지만 아무 의미 없는 2개의 단위 개념이 연결되면 주장이 성립된다. 세상에 존재하는 모든 주장은 기본적으로 이 구조를 가지고 있다. 따라서 만일 우리가 대화 도중 상대방의 주장에 반격해야 한다고 했을 때, 가장 먼저 해야 할 일은 그 주장을 구성하고 있는 단어들의 연결고리를 유심히 살펴보는 작업이다. 상호 연결되어 있는 상태를 살펴보다가 조금이라도 틈이 보인다 싶으면 바로 그 지점을 드러내 보이는 것이다.

....**가치와 행동의 연결을 끊어라**

그럼 이제 예시로 든 사형제 폐지 주장을 반박해 보자. 이 주장에는 모두 두개의 연결이 있다.

1. 사형 – 나쁘다
2. 나쁘니까 – 하지말자

이중에서 일단 1번 연결은 인정하고 대신 2번 연결을 끊는다. '나쁘다'와 '하지 말아야 한다'가 꼭 연결되어야 하는 것은 아니라고 지적하는 것이다. 그러면 '사형이 나쁘긴 하지만, 사회의 안녕을 위해 사형제도는 필요하다. 필요악이다'라는 그럴듯한 반론을 만들 수 있다.

이 패턴은 상대가 제시한 가치 주장은 인정하되, 그 가치가 꼭 당신이 주장하는 행동으로 연결되어야 하는 것은 아니라는 반론을 펴는 구조로 되어 있다. 이것을 '가치-행위 단절 공격'이라고 부를 수 있다.

일상에서 논쟁을 불러일으키는 대화는 대부분 궁극적으로 어떤 행위를 선택하기 위해 벌어진다. '결혼을 해야 하나 VS 말아야 하나', '철수를 승진시켜야 하나 VS 영희를 승진시켜야 하나' 같은 경우이다. 이렇듯 최종 목적이 내가 원하는 행위가 구현되게 하는 것이라면, '가치-행위 단절 공격'이 유효하다. 상대의 말을 인정해 주면서도 내 목적을 관철시킬 수 있기 때문이다.

(1) 그 사람은 좋은 사람이지만, (2) 그게 꼭 결혼을 해야 하는 이유는 아니다.

(1) 당신 말은 일리가 있지만, (2) 그렇다고 철수를 승진시킬 수는 없다.

여기서 (1)은 일단 상대방의 가치를 인정해 주는 것이고, (2)는 그럼에도 행동은 인정하지 않는 것이다. 이 패턴이 유용한 이유는 크게 두 가지이다.

첫째, 상대방의 주장 중 절반은 인정해 줌으로써 나는 너그러우며 외곬수가 아니라는 인상을 줄 수 있다. 게다가 나에 대한 상대방의 적개심도 크게 누그러뜨리는 효과도 얻을 수 있다.

둘째, 이 패턴을 진지하게 구사하면, 갤러리들에게 인생 경험이 풍부한 사람 같은 인상을 풍길 수 있다. 특히 묘하게도 한국사회에서는 옳다고 믿는 가치를 실제 행위로 구현하지 않아도 그걸 나쁘게 보기는커녕 오히려 긍정적으로 봐 주는 경향이 있다. 예를 들어, "아무리 옳은 일이라도 하면 안 되는 상황이 있는 거야"라거나 "세상 사는 게 다 그런 거지. 어떻게 원칙대로만 살 수 있겠나?" 같은 말들이다.

하지만 이런 말들은 예의 논리학에서 보면 초등학생 수준에도 못 미치는 논리에 불과하다. 옳으면 해야 하고 못하면 못한다고 말해야 논리에 맞는다. 그렇지 않으면 못하는 것을 인정하기 싫어서 괜스레 폼 잡는 것처럼 보일 뿐이다. 문제는 이게 한국사회에서는 통한다는 것이다. 우리 사회의 최고위층 사람들 입에서 "큰일 하다 보면 떡고물 좀 묻을 수 있지 뭐"라는 말이 아무렇지도 않게 나오는 게 현실이다. 그런데도 욕을 먹기는커녕 경륜이 풍부한 사람으로 대접받는다.

'가치-행위 단절 공격'은 이런 문화적 배경 속에서 더욱 빛을 발한다. 당신도 이 기술을 적절히 사용하면 경륜이 풍부하고 식견이 높은 사람으로 보이면서 상대의 주장을 격파할 기회를 만들 수 있다.

....가치와 가치의 연결을 끊어라

연결 공격의 두 번째 패턴은 아예 단위 개념 간의 연결을 끊는 것이다. 위 사형제 폐지 삼단논법에서 등장하는 단위 개념은 '사형', '사람을 죽인다', '나쁜 짓'이다.

> 사형=사람을 죽이는 것=나쁜 짓

이것은 '사형=사람을 죽이는 것'(1)과 '사람을 죽이는 것=나쁜 짓'(2)이라는 두 개의 연결 고리로 구성되어 있다. 여기서 (1)과 (2)

의 연결을 끊어 버리면 상대의 주장을 간단히 분쇄할 수 있다. 먼저 (1)의 연결을 끊어 보자.

"타인을 죽인 잔혹범을 어떻게 일반인과 같은 사람의 범주에 넣을 수가 있겠는가? 그들은 인간이기를 포기한 작자들이다."

'사형=사람을 죽이는 것'이라는 이야기에는 '사형범=사람'이라는 연결이 전제되어 있다. 상대가 구사하는 문장의 이면에 숨어 있는 이러한 연결을 '전제 연결'이라 부르자.

논쟁에서는 상대의 표현을 이리저리 굴려 보는 작업이 중요하지만, 그만큼 중요한 게 또 있다. 바로 상대가 주장하는 결론이 나오게끔 하는 전제가 무엇인지 정확히 파악해 내는 일이다. 물론 이 사례에서는 전제 연결을 찾아내는 게 간단하지만, 논쟁이 조금만 더 복잡해지면 순간적으로 찾아내기 힘들 수 있다. 따라서 언제나 전제 연결을 파악하기 위해 주의를 기울여야 한다.

이처럼 '사형범=사람'이라는 전제 연결을 끊으면 상대의 말을 부정하는 효과를 얻게 된다.

사형범 ≠ 사람 = 사람을 죽이는 건 나쁘다
⇒ 사형이 언도될 정도의 잔혹범을 사람이라고 보기에는 무리가 있다

이제 두 번째 연결인 '사람을 죽이는 것=나쁘다'라는 당연해 보이는 연결도 공격할 수 있다. '사람을 죽이는 것'이라는 행동 개념과 '나쁘다'라는 가치 개념의 연결을 끊어 버리는 것이다. 예를 들어 보자.

"사람을 죽이는 게 나쁘다고 했는데, 그게 무조건 나쁘기만 할까요? 그럼 독재자 차우셰스쿠를 죽이는 데 동조한 수백만 명의 루마니아 민중은 다 잘못된 것인가요?"

"길거리에서 무차별적으로 칼부림을 자행하는 사이코패스를 총으로 저격해 죽이면, 그것도 나쁜 짓인가요? 사형도 이처럼 정당방위와 크게 다르지 않습니다. 사회적 정당방위입니다."

연결 공격은 대부분의 토론에서 아주 유용한 전술이다. 사실 의식하지는 못했지만 누구나 일상 대화에서 한 번쯤은 써 보았던 전술이기도 하다. 세상의 모든 주장은 특정 대상에 대해 '가치 : 좋다-나쁘다', '행위 : 해야 한다-하지 말아야 한다'는 개념들과 반드시 연결되어 있다. 따라서 상대의 말 중에서 연결에 해당하는 부분을 주의 깊게 관찰해 보면 대화를 유리하게 이끌어 갈 수 있다. 이때 가장 간단하게 연결을 끊는 방법은 상대가 주장하는 것과 반대의 상황에서도 좋은 가치가 구현된 사례를 제시하는 것이다.

....진중권의 연결 공격

지금까지 연결 끊기에 대해 살펴보았다. 이에 더해 지금까지 논의되어 온 논거들과 다른 형태의 새로운 연결을 만들어 내는 것도 대화를 승리로 이끌기 위한 중요한 기술이다. 예를 들어 보자. 아래는 아프가니스탄 선교사 피랍 사건에 대한 대한민국 대표 논객인 진중권의 토론 내용 중 일부이다.

> **진중권** : "전쟁이 나고 위험 지역인 것이 빤한 지역(아프가니스탄)에 선교를 위해 무리하게 들어간 건 매우 잘못된 행위입니다."

이에 대해 이 토론의 상대방은 이렇게 반박한다.

"원래 선교는 아픔과 고통이 많은 곳도 외면해선 안 됩니다. 전쟁처럼 아픔이 많은 곳에서 봉사와 선교를 포기한다는 것은 종교의 기본 정신을 부정하는 것입니다. 아픔이 많은 곳을 찾아가고 돌봐야 하는 것이 종교가 가진 본연의 임무입니다."

사실 진중권의 말도 틀리지 않고, 이에 대한 상대방의 말도 원론적으로는 맞는 이야기다. 위험하고 더러운 곳이라고 무조건 피한다는 건 종교가 가지고 있는 본연의 가치에 맞지 않는다는 사실은 분명하다. 꽤 논리적으로 보이지만, 여기서 진중권은 역시 대한민국 대표 논객답게 가볍게 반론을 제기한다.

진중권 : "전쟁 지역 사람들의 목숨도 중요하지만, 선교하는 사람들의 목숨 역시도 소중한 가치가 있지 않은가요?"

진중권은 상대방이 내세운 '전쟁 지역 사람들을 돌보는 일이 종교적으로 소중하다'는 개념에 '선교자들의 신상도 소중하다'는 새로운 개념을 연결해서 자신의 의견을 방어했다.

진중권 : 전쟁 지역에 가면 안 된다
⇓
상대방 : 전쟁 지역도 소중하다
⇓
진중권 : 선교자의 목숨도 역시 소중하다

즉, 상대가 내세운 가치에 자신이 주장하는 요지를 새롭게 갖다 붙여서 자신의 주장을 지켜 낸 것이다. 이렇게 정리해 놓고 보면 별 것 아닌 것 같지만 빠르게 흘러가는 토론에서 이렇게 새로운 연결을 순간적으로 만들어 내는 일은 결코 쉽지 않다. 토론 고수들은 상대가 내뱉은 말을 자신에게 유리하게 변용하여 갖다 붙이는 데 뛰어난 능력을 발휘하는 사람들이다. 비록 간단한 사례이긴 하지만 여기서 보여 준 진중권의 능력이 바로 그런 것이다.

간혹 "진중권이 진짜 말을 잘하는 사람이야"라고 말하는 사람이 있는데, 사실 이는 정확한 표현은 아니다. 진중권이 정말 뛰어나다고 평가받는 부분은 논쟁을 할 때 '길'을 알고 있다는 점이다. 표피적인 말이 아니라 흐름을 좌우하는 길을 잡아내는 그의 사고 패턴에 주목해야 한다.

우리가 흔히 혼동해서 사용하는 개념어가 있는데, 대표적으로 말과 글이다. 글을 잘 쓴다거나 말을 잘한다는 표현은 사실 실체가 없는 말이다. 이건 마치 투수가 좋은 공을 던질 때 우리가 흔히 "볼 좋다"라고 말하는 것과 같다. 실제로 투수의 위력은 야구공이 아니라 투수의 신체적 능력인 것이다. 대화도 마찬가지이다. 투수의 투구 폼이 아니라 야구공에만 주목해서 상황을 해석하는 행위를 대화에서도 해 버린다면 더 이상 발전을 기대할 수가 없다.

공수의 핵,
논거력을
키워라

....내 손 안의 만능키, 논거력

앞에서 모든 주장에는 최소 두 가지 이상의 개념이 연결되어 있으며, 연결 고리를 끊거나 새로 만드는 것으로 대화를 리드하는 기술을 살펴보았다. 그러나 사형제 폐지 삼단논법처럼 단순한 상황만 우리 앞에 나타나는 건 아니다. 또 상대의 개념 연결이나 가치 연결을 아무렇게나 끊을 수 있는 것도 아니다. 연결이 성립하지 않는다는 근거를 제시해야 한다.

앞서 든 사례에서도 상대의 개념-가치 연결에 반하는 사례를 제시하면서 끊기를 시도했다. 즉, '사람을 죽이는 것은 나쁘다'라는 주장에 대해 정당방위라는 반증 개념을 제시한 식이다. 이처럼 남의 주장을 공격하거나 나의 주장을 지키는 데 사용되는 것이 바로 논거이며, 이는 모든 논쟁에서 가장 중요한 요소이다. 대부분의 논쟁은 바로 이 논거가 맞부딪히는 전장에서 벌어지는 싸움이다.

거듭 말하지만 논리력은 허상이다. 실전에서는 논리력이 아니라 논거력이 중요하다. 그렇다면 그토록 중요하다고 하는 논거력이란 무엇일까? 우리가 사용할 수 있는 논거는 크게 아래와 같이 네 가지가 있다.

1. 상대의 주장에 반하는 사례
2. 상대의 주장에 반하는 통계
3. 상대의 주장에 반하는 권위자의 말
4. 상대의 주장에 반하면서 한국 사람이라면 대부분 인정하는 보편적 개념

사실 훨씬 더 많은 논거들이 있을 수 있지만, 일상적인 대화에서라면 이 네 가지 범주에서 (1)나의 주장을 뒷받침하고, (2)상대방의 주장을 반격할 만한 것들을 모은다는 생각으로 준비하면 충분하다.

....'불패 논거'의 조건

물론 모든 논거가 실제 대화에서 도움이 되는 것은 아니다. 어설픈 논거를 제시했다가 오히려 역공을 당하면 승패에 치명적인 영향을 끼칠 수도 있다. 우리가 논거를 준비하거나 말할 때 신경 써야 할 부분은 대략 아래와 같다.

1. 오류 가능성의 여부
2. 반론의 존재 여부
3. 상대의 예측 가능 정도

먼저, 제시하고자 하는 논거에 오류가 있을 수 있는지, 있다면 얼마나 있는지를 따져 보면 좋다. 예를 들어, "나이가 많은 사람은 보수적이다"라는 말에는 오류가 있을 수 있다. 그러나 일반적으로 그럴 확률이 높은 건 사실이다. 말 한마디의 정밀성이 중요한 치열한 논쟁에서라면 써선 안 되겠지만, 우리가 흔히 경험하는 일상 대화에서는 써 볼 수 있다.

비슷한 맥락에서 반론이 존재하는 논거 역시 가급적 사용해선 안 된다. 예를 들어, 육식 반대론자와 대화를 할 때 "사람은 고기를 먹지 않으면 건강이 위험해진다"라고 말하면 충분히 역공을 받을 수 있다. 식물성 단백질만으로도 사는 데 지장이 없다는 학설과 사례가 많기 때문이다.

그다음으로 예측 가능한 논거이다. 실제로 토론 고수들은 상대방이 예측하지 못한 논거를 제시하는 능력이 뛰어나다. 승부가 정말 중요해서 꼭 이겨야 한다면 논거를 준비할 때 상대방이 알고 있거나 알 수 있는 소재는 빼고 모를 만한 소재를 장만해야 한다. 일반적으로 사람은 자신이 모르는 사안이 갑자기 메인 이슈로 떠오르면 당황하기 마련이다. 이때 상대방이 여유를 되찾고자 잠시 뜸을 들이거나 다른 이야기로 관심을 돌리려 하면, 즉시 이렇게 덧붙여 주면 된다.

"이것도 모른다는 게 말이 됩니까?"

마지막으로 논거력의 화룡점정은 '상대의 논거를 부수는 카운터 논거'이다. 상대의 논거를 정확히 겨냥해 부수는 카운터 논거를 준비하면 이기고 준비하지 못하면 진다.

4. 상대의 논거를 부수는 카운터 논거

이상의 네 가지 논거, 특히 '예측할 수 없는 논거'와 '상대의 논거를 부수는 카운터 논거'를 상대보다 더 잘 갖추고 있으면 승리는 떼어 놓은 당상이다.

....논거 요구하기

논거는 승부가 걸린 대화에서 가장 중요한 무기이다. 이제 그 무기를 가지고 싸우는 방법에 대해 자세히 알아보자.

먼저, 양질의 논거를 잘 준비하는 게 기본이지만, 반대로 상대방에게 논거를 요구할 수도 있다. 아예 작정하고 준비하는 TV 토론이 아니라 일상생활에서 순간적으로 벌어지는 대화 상황에서는 자신의 주장을 뒷받침하는 근거를 적절하게 대기가 힘들다.

따라서 상대의 주장이 마음에 안 들거나 내게 손해가 된다는 느낌이 들면, "그렇게 말하는 논거가 정확히 뭐죠?"라고 말하는 것만으로도 유리한 위치를 점유할 수 있다. 상대가 논거를 생각하느라 쩔쩔매고 나는 그 모습을 여유 있게 지켜보는 포지션으로 구도를 짜는 건 경기장을 내게 유리한 방향으로 기울이는 것과 마찬가지이다.

"학생 교육을 위해 체벌은 꼭 필요합니다."
→ "체벌이 교육 효과를 높인다는 연구 결과라도 있나요? 있으면 제시해 주

세요."

"교복을 없애고 복장 자율화를 시행하면 학생들 간 빈부격차로 인해 위화감이 조성됩니다."

→ "실제로 복장 자율화를 시행하고 있는 학교들의 상황을 본 적이 있나요? 그 학교들에서 학생들 간 위화감이 교복을 입는 학교보다 높다는 증거가 있다면 제시 주세요."

우리는 대화 도중 상대의 공격을 받으면 반사적으로 그에 대한 반대 의견을 토해 내곤 한다. 그렇게 냅다 반대 의견부터 피력하는 것은 효과적인 전략이 아니며 갤러리들에게 좋지 않은 인상을 줄 수도 있다. 따라서 나의 가치관에 반하는 의견이 제시되었을 때 제일 먼저 할 일은 '반대'가 아니라 '추궁'이다. 논거에 대한 추궁은 다른 게 아니다. 위에서처럼 상대방에게 자신의 주장에 대해 정교한 논거를 말해 달라고 요구하는 것이다.

.... **논거 공격하기**

논거를 대라는 기습 공격에도 상대가 당황하지 않고 그럴듯한 논거를 즉각 제시한다면 어떻게 해야 할까? 아직 실망하기에는 이르다. 반격의 기회는 얼마든지 많다. 논거를 공격하는 방법은 크게 세 가지가 있다.

1. 논거가 틀렸다는 것을 증명한다.
2. 상대방의 논거에 반대되는 사례나 통계를 제시한다.
3. 상대방의 논거의 신뢰도를 떨어뜨린다.

이중에서 상대방이 제시한 논거가 완전히 틀렸다는 것을 증명하거나 반대되는 새로운 논거를 제시하는 건 수고가 아주 많이 들어가는 일이다. 따라서 토론 고수들은 주로 세 번째 방법을 임기응변으로 사용한다. 이는 갤러리들 대부분이 대화 하나하나의 미세한 부분까지 일일이 신경을 쓰지 않기 때문에 가능한 전술이다.

이 전술은 굳이 힘들게 대단한 반박 사례를 제시하거나 증명을 하는 대신 상대방을 당황하게 하면서 자기에게 유리한 '인상'만 남기고 빠지는 것으로, 실제로 말싸움에 능한 사람들이 흔히 쓰는 기술이다. 당사자가 아닌 주위 사람들에게는 '인상이 곧 진리'이기에 매우 효과적이다. 그 세부적인 행동 지침을 알아보자.

....디테일을 요구하라

A : "이번에 인사팀에서 추진하는 연봉제는 실시해서는 안 됩니다. 많은 직원들이 반대하고 있기 때문입니다."

B : "많은 직원이라고 하면 대체 몇 명을 이야기하는 것입니까?"

첫 번째 소개할 대응 방법은 '디테일 요구'이다. 일상적인 대화나 업무상 빈번하게 이뤄지는 간이 회의에서는 주제와 관련한 논거를 아주 디테일하게 준비하기가 어렵다. 위 사례에서 보듯 연봉제를 반대하는 직원이 실제로 많다고 해도 상대가 정확한 숫자를 제시하지 않을 가능성이 높다. 이때는 구체적인 숫자를 요구할 수 있다. 십중팔구 상대는 제대로 답을 못할 것이고, 상대의 '많다'는 주장의 신뢰도도 떨어지게 된다.

디테일이 수치만 있는 것은 아니다. 아래와 같은 대화를 한번 살펴보자. 방사능 음식의 유해성과 관련된 논쟁 중 일부이다.

A : "최근 들어 각종 일본산 기형 채소들을 보지 않았나요? 저런 방사능 섞인 음식을 먹으면 얼마나 큰 비극이 일어날지 상상할 수조차 없습니다."

B : "동물이든 식물이든 기형아는 지구가 생긴 이래로 계속 있어 왔습니

다. 방사능 문제가 없던 조선시대에는 기형아가 없었나요? 현재 방사능 음식 문제로 호들갑을 떨고 있지만, 본래 어떤 사안이 제대로 된 현상으로 인정받으려면 의학적으로는 5년, 임상병리학적으로는 10년, 통계학적으로는 30년이 지나야 합니다. 따라서 A의 자료들은 신빙성이 낮습니다."

여기서 B의 반론은 얼핏 보기엔 그럴듯해 보이나 사실 아주 허술하기 짝이 없다. A가 우선 생각해 볼 수 있는 건 이 정도이다.

A : "그럼 사람들은 30년이 지나 건강이 엉망이 된 이후에야 판단해야 합니까?"

다만, 이런 반론은 원자력 방사능의 폐해에 대해 "X레이 찍을 때도 방사능이 조금은 나오기 마련인데 너무 오버하는 것 아니냐?"라는 입장을 취하는 방사능 회의론자들에게는 자기주장만 반복하는 것처럼 보일 수 있다.

기본적으로 나의 주장을 소리쳐 외치기보다는 상대의 주장에서 허점을 찾아내는 게 훨씬 효율적이고, 따라서 이것이 논쟁이 붙었을 때 우리가 가장 먼저 취해야 할 행동이다. 이게 성공하면 상대는 당황한 가운데 답변을 하느라 쩔쩔매게 되고, 반면 나는 여유를 벌게 된다.

일단, 상대방이 제기한 개념적 틀을 의심도 하지 않고 받아들이는 건 매우 위험하다. 위 사례에서는 5, 10, 30년이라는 언급이 그에 해당된다. 열을 내며 30년이나 어떻게 기다리느냐고 반박하는 것보다 더 간단하고 효과적인 방법은 바로 이것이다.

> **A :** "한 사안이 인정받으려면 의학적으로는 5년, 임상병리학적으로는 10년, 통계학적으로는 30년이라고 하셨는데, 그건 대체 어디서 나온 기준인가요? 세상 모든 사안을 그렇게 일률적으로 정할 수 있을까요? 누가 정한 기준인지, 출처를 밝혀 주세요."

상대는 그 기준의 출처를 정확히 모르고 있을 가능성이 크다. 만약 알았다면 처음에 벌써 이야기했을 것이다. 따라서 출처를 밝히라고 요구하면 상대는 당황할 것이고, 행여 그렇지 않더라도 최소한 '5-10-30년'이라는 법칙이 절대적인 것은 아니라는 인상을 갤러리들에게 주는 효과를 얻을 수 있다.

우리는 상대에게 지속적으로 요구해야 한다. 동시에 상대의 요구에 끌려다녀서는 안 된다. 이 '요구를 하는 기술'과 '요구에 대처하는 기술'은 논쟁적 토론이나 대화에서 성패를 가르는 대단히 중요한 역할을 하므로 뒤에서 더 자세히 살펴보기로 하자.

....신뢰도에 의문을 던져라

만약 위의 방법처럼 숫자나 출처를 요구했을 때 상대가 당황하지 않고 정확하게 밝히면 어떻게 할까? 게다가 그 출처가 꽤 권위 있는 대학이나 기관, 학자의 이름일 수도 있다. 그렇다고 해도 실망하기에는 이르다. 다음 카드를 활용해 보자.

"아무리 그렇다고 해도 그 말이 '전적으로' 옳다고 할 수는 없지 않나요?"

"거기서 말했다고 '100%' 절대적인 건 아니지 않습니까?"

"거기서 말했다고 '세상 모든 일'을 그렇게 재단할 수 있는 건 아니잖아요?"

"그 사람이 얘기하면 '무조건' 다 맞는 겁니까?"

"OOO이 5년이 필요하다고 하면 우리가 '모두' 5년을 무조건 기다려야 하는 겁니까?"

즉, 상대가 제시한 논거의 출처가 꽤 권위 있는 곳이라 해도 그것이 '절대적이지 않다'고 이야기해 버리면 그 권위가 깎일 수 있다. 사실 '절대적이지 않다'고 해서 해당 논거가 완전히 반박당하는 것은 아니다.

따지고 보면 세상에 100% 절대적인 게 얼마나 있겠는가! 사실

'절대적이지 않다=완전히 쓸모없다'는 공식은 논리에 맞지 않지만, 실전에서 적당히 활용하면 갤러리의 평가를 내게 유리하게 이끌 수 있다. 더 나아가 상대방에게 유명인이나 학교, 기관의 권위에만 의지하는 줏대 없는 사람 이미지를 덧씌울 수도 있다.

물론, '절대적이지 않다'고 말하는 것보다 더 강력한 건 아예 근거의 출처로 지목한 조직이나 사람의 오류를 언급하는 것이다. 아래 예를 살펴보자.

> A : "세계적인 인권 단체인 OOO도 우리나라에 시정 권고를 했습니다."
> B : "OOO단체의 권고가 절대적인 것은 아닙니다. 오히려 그곳은 서구의 인종차별 문제에 대해서는 입도 뻥긋 안 하는 이중적인 잣대를 가졌습니다. 우리처럼 아시아 국가들에게만 뭐라고 하죠."

이 사례는 논거의 출처 자체가 공정한 기준을 가지지 못했다고 말함으로써 그 신뢰도를 떨어뜨리고 있다. 이처럼 논거의 출처를 직접 공격하는 방법에는 공정성, 객관성, 도덕성에 의문을 제기하거나, 과거 잘못했던 사례를 제기하거나, 해당 분야에서 그곳의 권위가 그다지 강력하지 않다는 뉘앙스로 말하는 방법 등이 있다.

◎ 논거 공격의 기본 원칙
❶ 상대의 주장에 바로 반론을 펴지 말고 우선 논거부터 요구해라.
❷ 상대의 논거에 대해 요구하는 디테일 수준을 높여라.
- 정확한 숫자를 요구해라.
- 정확한 출처를 요구해라.

❸ 상대가 제시한 논거의 신뢰도를 떨어뜨려라.
- 상대의 논거가 절대적인 건 아니라고 말하라.
- 상대가 제시한 출처의 신뢰도를 떨어뜨려라.

앞에서 모든 논쟁은 오직 주장으로부터 파생된다고 이야기했다. 그리고 주장은 전제, 가치, 논거의 세 가지로 구성되어 있다. 지금까지 이 세 가지를 놓고 공방을 벌이는 가장 기본적인 구조와 스킬을 살펴보았다. 사실 이 정도만 알고 있어도 가벼운 논쟁 정도는 상당히 효율적으로 대처할 수 있을 것이다. 하지만 모든 양태의 논쟁에 대처하기에는 역부족이다. 이제부터 이 기본기를 기반으로 변화무쌍한 말의 전쟁에 대비할 다양한 기술들을 익혀 보자.

PART 2

이기는 말
VS
지는 말

_응용 기술 익히기

이게 그거고,
그게 이거라고?

동일화 전술

앞에서 논쟁에서 주로 쓰이는 기본 전술을 알아보았다. 이 장에서는 내게 상처를 입힐 수 있는 상대의 간사한 공격 전술들을 설명하고 그 공격으로부터 나를 방어하는 방법을 하나하나 짚어 보기로 하자. 먼저 살펴볼 것은 기초적이면서도 실전에서 가장 많이 쓰이는 '동일화 전술'이다.

…."이게 그거고, 그게 이거라니까!"

동일화 전술은 크게 긍정적 동일화와 부정적 동일화가 있다. 긍정적 동일화는 자기주장을 돋보이게 할 때, 부정적 동일화는 상대방의 주장을 무력화할 때 쓰인다. 다음 예를 보자.

"이번에 새롭게 시작하는 사업인 OOO 프로젝트에 대해 여러 분이 반대하고 있는 것으로 알고 있습니다. 그러나 경부고속도로도, KTX도 처음에는 반대 목소리가 많았지만 결국 국가의 중요한 기간 시설로 자리를 잡았습니다. 이 사업도 그렇게 될 수 있을 것입니다."

전형적인 긍정적 동일화 전술이다. 흔히 논쟁 하면 상대방이 하는 주장의 정당성을 깎아내리는 것만 생각하는데, 나의 주장을 좋게 포장하는 것도 중요한 전술의 하나이다. 이런 화법은 주로 경영자나 정치가가 많이 쓰는데, 자신이 주장하는 바와 대부분의 사람들이 명백히 좋다고 평가하는 어떤 대상을 동일한 것으로 일치시키는 전술이다. 그런데 사실 이 화법은 말이 좋아 '긍정적' 동일화이지, 상대방이나 상대 조직에겐 부정적인 이미지를 덧씌움으로써 치명적인 결과를 안겨 줄 수도 있다.

반면에 부정적 동일화 전술은 주로 상대의 주장을 공격할 때 사용한다. 다음 논쟁에서 확인해 보자.

A : "이번에 출마한 정치인 A씨가 과거 건설업체로부터 수주 청탁을 받

았다는 증언이 나왔습니다."

B : "최근 도를 넘은 악성 댓글들로 많은 연예인이 자살하는 등 허위 사실이나 루머 유포가 심각한 사회문제가 되고 있습니다. 무책임한 의혹 제기는 삼가야 합니다."

이처럼 부정적 동일화 전술은 상대방 혹은 상대방의 주장을 부정적인 대상과 동일화하는 방법이다. 위 예에서도 루머, 악성 댓글, 허위 사실 등 부정적 단어와 상대방의 주장을 은근슬쩍 동일화하고 있다. 실제로는 A가 청탁 증언이 나왔다는 팩트를 이야기하고 있는데도 말이다.

또 정치인은 연예인과 다르다. 정치인은 그 누구보다 각종 비리 등에 대해 더 철저하게 검증되어야 한다. 그런데도 B는 '정치인=연예인', '증언=악성 댓글'로 동일화하고 있다. 분명히 다른 사안인데 뭉뚱그려서 같다고 이야기하면서 상대 주장을 부정적으로 몰아가는 것이다. 실제로 일상생활에서 흔하게 경험할 수 있다.

....동일화 전술의 전개 과정

동일화 전술은 일상생활에서 알게 모르게 자주 사용하는 만큼 순발력 있게 잘 사용하면 상대방과의 논쟁에서 순간적 우위를 점할 수 있다. 그러기 위해서는 동일화 전술의 기본 틀을 미리 머릿속에 정리해 두는 게 좋다.

일단 상대방의 주장을 구성하고 있는 단위 개념들 중에서 동일화할 여지가 있는 개념을 재빠르게 골라내야 한다. 이건 마치 요리사가 닭고기에서 뼈를 발라내고 살코기만 취하는 작업과 같다. 아래는 스타 연예인의 특례 입학에 대한 찬반 논쟁 중 일부이다.

> A : "얼마 전 대학 재학생들을 대상으로 한 설문조사에서 70% 이상이 연예인의 특례 입학을 반대한다는 목소리를 냈습니다."
>
> B : "모든 교칙이나 행정 운영이 꼭 학생의 여론에 따라 결정되어야 하나요? 그렇지 않습니다. 학교의 이념과 경영 방침에 따라 운영되는 것이 기본입니다. 유명 연예인, 스포츠 스타가 입학하면 학교가 얻는 것도 크다고 판단되면 특례 입학을 시행할 수 있습니다."

사실 A가 들고 나온 설문조사는 논거로서 매우 적합한 자료이다. 그런데 B는 묘한 화법을 써서 이 설문조사가 가진 논거의 힘을 약화시키고 있다. B는 앞서 소개한 '행위 연결 끊기' 전술을 취한 것이라 볼 수 있다. 학생들이 원하지 않는다고 해서 반드시 하지 말아야 하는 것은 아니라고 말함으로써 상대방이 제시한 논거와 주장 사이의 연결을 끊어 버린 것이다.

B의 연결 끊기 전술에 대해 A가 가장 효과적으로 반격할 수 있는 방법은 바로 동일화 전술이다. 순발력 있게 동일화 전술을 쓰기 위해 A는 먼저 상대방이 주장하는 바를 최대한 간단하게 요약할 필요가 있다. B의 주장은 결국 '학교를 운영하는 데 꼭 학생들 의견을 따를 필요는 없다'는 것이다.

따지고 보면 이 주장도 전혀 틀린 말은 아니다. 실제로 학교가 학생들이 원한다고 그것을 무조건 정책에 반영해 주기는 어려울 수도 있다. 하지만 그런 식으로 생각하면 상대방의 주장에 말리고 만다. 즉시 학교 운영이 학생들 의견을 잘 듣지 않아서 파열음이 발생한 사례를 찾는다. 그리고 그 사례를 상대방의 주장과 엮어서 반격한다. 이렇게 말이다.

A : "학교를 운영할 때 꼭 학생들의 의견을 듣지 않아도 된다고 말씀하셨는데, 그럼 예를 들어서 학교가 갑자기 B씨의 학과를 폐지하겠다고 하면 어떻게 하겠어요? 꼭 학생들 의견을 들어야 하는 건 아니니까 B씨의 의사와 상관없이 폐지해도 되겠군요?"

이제 상대방의 주장은 순식간에 '재학생들이 있는 학과를 철폐하는 파렴치한 학사 운영'과 동일화되고 만다. 이렇게 되면 상대방은 당초 주제인 '연예인 특례 입학'이 아니라 갑자기 '나의 주장은 학과를 철폐하는 파렴치한 학사 운영을 옹호하는 게 아니다'라는 황당한 주제와 새롭게 맞닥뜨리게 된다. 일상생활의 논쟁에서는 대체로 이러한 형태의 역공형 반격이 가장 이상적이라 할 수 있다.

사람은 보통 예상하고 있거나 처음부터 계속 논의되고 있어서 익숙한 사안에 대해서는 비교적 여유도 있고 대처도 잘 하는 편이다. 하지만 느닷없이 새로운 사안이 제안되면 당황하거나, 당황하지는 않더라도 적절하게 대처하기가 쉽지 않다. 동일화 전술이 지닌 가장 큰 장점은 바로 이처럼 상대방에게 순간적으로 새로운 고민거리를 던져 준다는 점이다.

보통 논쟁에 서툰 사람일수록 상대방의 공격을 받으면 자신의 원래 주장이 맞는다는 것을 재증명하는 데 에너지를 쏟곤 하는데, 그럴수록 더 궁지에 몰리고 만다. 공격은 공격으로 받아친다는 기본 원칙을 잊으면 안 된다.

.... **동일화의 오류 증명하기**

상대방이 동일화 전술로 공격해 올 경우, 이에 대한 방어법은 의외로 간단하다. 상대방이 잘못 동일화했다는 사실을 밝혀내면 된다.

이때 '호도'나 '왜곡' 같은 단어를 사용해 반격하면 효과가 더 좋다. 다만, 문제는 논쟁이 정신없이 흘러가는 와중에 해당 동일화의 오류를 잡아내는 게 말처럼 쉽지 않다는 점이다. 아래 예시를 한번 살펴보자.

- A : "혼전 동거는 결혼 전에 상대에 대해 더 잘 알 수 있고 그 결과, 실제 결혼까지 이어졌을 때 이혼이라는 파국을 미리 막을 수 있는 예방 장치가 되어 줍니다."
- B : "그렇게 좋은 점만 있는 게 아닙니다. 일단 동거는 법적 보호를 받을 수가 없습니다. 또 낙태, 미혼모, 부모 없는 아이 등 사회문제를 양산하기도 합니다. 권장해야 한다는 주장은 터무니없습니다."

얼핏 보기에는 앞뒤가 그럴싸하다. 따라서 논쟁에 익숙하지 않은 사람이라면 동일화의 오류를 잡아내기가 쉽지 않을 것이다. 실제로 B는 논리적으로 아무 상관도 없는 논거를 들이밀고 있는데, 자칫 이를 못 보고 어영부영 넘어갈 수 있다. B의 주장 중에서 잘못된 부분은 바로 '낙태', '미혼모', '부모 없는 아이'이다. B는 혼전 동거와 최근 사회적 문제로 대두되고 있는 낙태, 고아, 미혼모 문제를 멋대로 동일화하는 전술을 취하고 있다.

B의 동일화 전술을 단순화하면 아래와 같다.

혼전 동거=낙태

혼전 동거=고아

혼전 동거=미혼모

남녀 관계에서 발생할 수 있는 부정적인 현상들만 끌어다가 상대방 주장에 갖다 붙인 것이다.

이처럼 B가 혼전 동거 문제를 부정적 사건들과 동일화하는 전술을 구사하고 있다는 것을 알았다면, 이제 그 동일화가 왜 잘못됐는지 밝힘으로써 간단하게 반박할 수 있다. A는 다음과 같은 방식으로 B의 동일화 오류를 논파할 수 있다.

> A : "낙태나 고아는 혼전 동거와 관련이 없는 문제입니다. 꼭 혼전 동거가 아니어도 일반적으로 성관계는 얼마든지 가질 수 있고, 또 동거를 한다고 해서 반드시 아이가 생기는 것도 아닙니다. 당신의 말은 그럴듯해 보이지만 사실은 본 주제인 혼전 동거와는 아무 상관이 없습니다. 그것은 혼전 동거 문제가 아니라 피임 교육 차원에서 다뤄야 할 문제입니다. 동거를 하더라도 피임만 잘 하면 애는 안 생깁니다."

여기서 한 발 더 나가 보자. 다음처럼 얘기하면 B를 궁지에 몰아넣을 수 있을 것이다.

A : "같이 산다고 반드시 애가 생기는 것은 아닙니다. 피임 없이 성관계를 해야만 애가 생깁니다. 혹시 이 사실을 모르셨나요? 성인 남녀의 혼전 동거 문제를 토론하기에 앞서 성교육부터 받으셔야 하는 게 아닌가 싶습니다만."

이렇게 상대방이 구사한 동일화 전술의 수준이 형편없을 뿐만 아니라 무모한 시도였다는 것을 갤러리들에게 강렬하게 인식시킬 수 있다. 이때 위에서처럼 놀리기 기술을 사용하면 부당한 동일화 전술을 이용해 편법으로 승리를 쟁취하려던 상대의 의도에 제법 큰 카운터펀치를 날릴 수 있다. 이를 구조화하면 다음과 같다.

◎ 부당한 동일화 전술에 대응하는 법

1-1. 상대가 억지로 꿰어 맞춘 두 개의 대상이 구체적으로 어떻게 다른지 조목조목 짚어 준다.

1-2. 동일시하려고 끌고 온 안 좋은 현상 사례들이 토론의 주제와 어떻게 다른지 짚어 준다.

⇓

2. 상대방이 무모한 동일화를 시도했다는 사실을 재차 강조한다.

상대방이 무모하게 동일화 전술을 구사한다면, 1-1이나 1-2의 방법으로 반격한 뒤 2의 방법으로 마무리를 한다. 이때 약간의 조롱을 섞어 주면 쐐기를 박는 효과를 볼 수 있다. 그런데 상대에 따라 여전히 물러서지 않을 수도 있다. 동일화한 두 대상이 전혀 관계가 없다고 아무리 설명해도 무조건 관계가 있다고 우기는 경우이다. B의 반응을 보자.

> B : "물론 임신이나 출산이 성관계와 피임 여부의 문제인 건 맞습니다. 하지만 동거를 하면 성관계를 훨씬 많이 하게 되니까 낙태나 고아 문제가 발생할 가능성도 훨씬 커질 것이 아닙니까? 법의 보호를 받지 못하는 동거 출산이 엄청나게 많은 현실을 모르는 것입니까?"

사실 논쟁을 할 때 상대하기 제일 까다로운 사람은 내가 잘못하거나 실수하기라도 하면 셰퍼드처럼 물고 안 놓는 사람이다. 그러나 이런 경우는 애초에 잘못된 동일화를 하고 있는 것이므로 어렵지 않게 격퇴할 수 있다.

이미 격퇴된 게 분명한 동일화를 다시 물고 늘어지는 경우는 위에서처럼 주로 확률을 핑계로 치고 들어온다. 즉, "완전하게 같은 것은 아니지만 확률로 보면 그럴 가능성이 높다"는 것이다. 처음에 구사한 동일화 전술을 A라고 하면 이것은 A'라고 할 수 있는데, 이 역시 간단하게 물리칠 수 있다.

첫 번째는 동일화에 대해 증명해 줄 것을 요구하는 방법이다. "이것과 그것이 어떻게 같은지 증명하라"고 요구하는 것이다. 세부적으로는 크게 두 가지 방법으로 요구할 수 있다.

1. 근거(데이터)를 제시하라.
2. 연관성을 입증하라.

논쟁을 할 때 상대방에게 증명하라고 요구하는 일은 아주 중요하다. 그런 요구를 많이 받으면 지고, 반대로 많이 하면 이긴다. 우리가 동일화 전술 공격을 당했을 때 가장 많이 하게 되는 실수가 있다. 바로 그 두 가지 동일화 대상이 같지 않다는 것을 땀을 뻘뻘 흘려 가며 입증하려다 보니 곧잘 수세적 자세를 취하게 된다는 점이다.

꼭 기억하자. 절대 수세적이 되어서는 안 된다. 가급적 상대의 요구는 외면하고 반대로 상대에게 요구해야 한다. 요구가 최고의 공격이다. 그게 왜 다른지 설명하려 하지 말고 오히려 상대에게 그게 왜 같은 거냐고 물어라.

A : "그러면 자꾸 이야기를 반복하는 셈이 되잖아요. 동거를 해도 피임을 잘하면 임신이 안 되고, 동거를 하지 않아도 피임 없이 성관계를 가

지면 임신할 수 있잖아요. 임신은 피임을 하느냐 하지 않느냐의 문제인데 왜 동거와 연결하나요? 동거 커플의 낙태 비율에 관한 공식 조사 결과라도 가지고 있습니까?"

여기서 중요한 건 '공식 조사 결과'라는 용어이다. 반드시 '공식'이라는 용어를 써서 반격하자. 우리는 최대한 상대방에게 족쇄를 채워야 한다. 상대방에게 근거를 요구할 때 '공식'이라는 단어를 붙이는 것만큼 적절한 족쇄도 드물다. 그래야 상대가 어떤 조사 자료를 들고 나왔을 때 다음과 같이 손쉽게 대응할 수 있다.

◎ 근거의 절대성을 부정하라
"일개 단체의 자료를 어떻게 100% 믿을 수 있나요?"
"그런 비공식적 자료는 논거가 될 수 없죠."
"그 단체가 어떤 공신력이나 권위라도 가지고 있나요?"

◎ 더 구체적인 근거를 요구하라
"몇 명을 대상으로 조사한 자료인가요?"
"언제 조사한 것인가요?"
"누구를 대상으로 조사한 것인가요?"

.... 역동일화로 카운터펀치를

상대방의 동일화 전술에 반격하는 두 번째 방법으로는 역동일화 전술이 있다. 상대방이 나를 공격하면서 썼던 동일화 논리에 적용할 수 있는 나쁜 사례를 찾아내 들이미는 것이다.

> A : "낙태를 우려해서 혼전 동거를 반대한다고요? 그러면 어린이 교통사고가 우려되니 아이들도 학교에 보내면 안 됩니까? 그런 사고는 조심하지 않아서 발생하는 것이지 사안의 가치를 결정할 수 있는 근본 요소는 아니잖아요."

위 예시는 상대가 '가능성'을 빌미로 나의 주장이나 논거를 공격해 올 때 광범위하게 써먹을 수 있으니 잘 기억해 두면 좋다.

비슷한 사례로 아래 공방도 봐 두면 상당히 유용하다.

> A : "이번 정책 제도 개선안은 수많은 사람들의 수요가 있는 것입니다. 반드시 반영되어야 합니다."
>
> B : "혹시 야동 보신 적 있습니까?"
>
> A : "네."
>
> B : "대한민국 남자 상당수가 야동을 보고 있다더군요. 인터넷에 가 보

면 수많은 남성들의 야동 수요가 있다는 사실을 알 수 있습니다. 그럼, 야동 수요가 이렇게 많으니 정책적으로 법제화해서 양성해야 할까요? 수요가 있다고 해서 반드시 정책화해야 하는 건가요?"

사실 이 사례에서 B는 말도 안 되는 억지를 쓰고 있다. '새로운 정책 제도 도입 찬성＝야동 도입 찬성'이라는 터무니없는 동일화를 하고 있는 것이다. 일반적으로는 이렇게 대처할 수 있겠다.

> A : "논점에서 한참 벗어났습니다. 많은 국민이 현재 제도에 만족하지 못하는 부분이 있기 때문에 이 정책을 도입할 필요가 있다고 한 것입니다."

당연한 주장이다. 하지만 상대가 누가 봐도 터무니없는 동일화를 무턱대고 시도한 것에 비하면 너무 약한 감이 있다. 이런 예의 없는 동일화 공격에 대해서는 가장 확실하게 반격할 수 있는 대처를 해야 한다. 아주 부정적인 형태의 역동일화 전술을 구사하거나 혹은 상대방에게 그 동일화를 증명해 보라고 강력하게 요구하는 것이다.

> A : "말도 안 되는 비유입니다. 잘못된 비유로 상대 의견을 호도하는 것은 절대 해서는 안 되는 불량한 행위입니다. 모든 수요가 야동 수요

처럼 나쁘다고 말하는 것인가요? 당신 말대로라면 사람들이 원하는 일, 수요가 있는 일은 다 하지 말아야 한다는 뜻인가요? 역으로 물어보겠습니다. 이 세상의 모든 수요는 야동 수요처럼 지저분한 것이니 그 어떤 것도 정책화하면 안 됩니까?"

A가 반격을 하기 위해 꼭 알아야 할 개념이 바로 전제이다. 앞장에서 논쟁의 기본을 설명하면서 모든 주장에 포함된 세 가지 요소가 '전제', '가치', '논거'라고 이야기했다. 위에서 제시한 A와 B의 논쟁을 간단히 요약해 보면, 다음과 같다.

A : 수요가 있으니 해야 한다
B : 수요가 있다고 꼭 해야 하나? 그럼 야동 수요는?

이런 말도 안 되는 B의 주장을 반박하기 위해 기본적으로 알아야 할 것이 바로 전제의 개념이다. 우리는 상대의 말을 들으면서 '대체 무엇을 전제했기에 저런 결론이 나오는가?'라고 유심히 생각해 보아야 한다. 여기서 B가 전제하고 있는 게 뭔가? 말로 표현하지는 않았지만, 은근 슬쩍 다음과 같은 전제를 깔고 있다.

새로운 정책 제도 수요=야동 수요(즉, 새 정책=야동)

이처럼 B는 잘못된 전제로 은근슬쩍 말도 안 되는 동일화 전술을 시도하고 있는 것이다. 이때 잘못된 전제 연결을 끊어 버리지 않고는 아무리 B의 주장이 터무니없어 보여도 제대로 반박할 수 없게 된다. 반대로 전제만 순간적으로 파악하면 다음처럼 간단하게 물리칠 수 있다. 상황에 따라 적절하게 응용하면 좋다.

A : "지금 이 정책의 수요와 야동 수요가 똑같다고 보는 건가요? 정책 서비스 증진을 바라는 목소리와 야동 수요가 똑같다고 보는 이유가 뭔가요?"

A : "지금 야동을 도입하자고 하는 게 아니잖아요? 왜 사람을 이상한 쪽으로 몰아가나요? 반대 의견은 피력할 수 있지만 인격적 예의는 지켜 주세요."

A : "새로운 것에 대한 수요는 야동 수요처럼 불건전한 욕망만 있다는 이야기로 들리는데, 그렇게 판단하는 근거는 뭔가요? 정녕 건전한 수요는 없을까요?"

상대가 말도 안 되는 논리로 공격해 오면 최대한 강하게 반격하는 게 좋다. 여차하면 막말 싸움을 해도 좋다는 각오를 할 필요도 있다. 논쟁은 기 싸움이라서 기선 제압이 중요하다. 무례한 상대에게 굳이 예의를 차려 줄 필요는 없다. 그리고 한 가지 더 보태자면, 상대의 질문에 성실하게 답변하는 모양새가 갤러리들에게는 마치 패배의 양상처럼 보일 수 있다. 꼭 이겨야 하는 논쟁이라면 질문에는 질문으로 대응하는 것이 가장 좋다.

····**"잘못된 비유입니다"**

세 번째 방법은 상대방이 내세운 동일화 논거가 나의 주장과 '동일하지 않은 지점을 찾아내는 것'이다. 다음 사례를 통해 확인해 보자.

> A : "선행학습은 쓸데없는 과다 경쟁을 부추기기 때문에 법적으로 금지시켜야 합니다. 이 엄청난 선행학습 경쟁은 사회적으로도 큰 낭비입니다."
> B : "사교육이나 선행학습을 무조건 나쁜 것으로만 몰아가선 안 됩니다. 국민 영웅 김연아 선수나 박태환 선수도 피겨와 수영을 선행 학습한 사람들입니다. 과연 선행학습이 나쁘기만 합니까? 빼어난 인재를 키워 국위를 떨칠 수도 있습니다. 편협하게만 보지 마십시오."

B는 나쁜 사례를 자신의 주장과 동일화해서 공격을 취하는 대신 좋은 사례를 논거로 활용해 주장을 정당화했다. 김연아 선수와 박태환 선수는 완벽한 국민 영웅 이미지를 가지고 있다. 따라서 누구든 이들의 이미지를 훼손하는 모양새로 논쟁에 나서면 몹시 불리해진다. B가 노린 것도 바로 이것이다. 그 누구도 비판하기 어려운 상대를 자신이 주장하는 바와 동일화한 것이다. 그런 '언터처블 논거'로는 다음과 같은 것들이 있다.

국민적 칭송을 받는 사람 : 박지성, 김연아, 박태환 등
종교 성인이나 역사적 위인이 한 말 : 성경, 불경 등

언터처블 논거를 자신이 주장하는 바와 동일화하면 상대 입장에서는 공격하기가 까다로워진다. 따라서 자신의 주장과 언터처블 논거의 접점을 찾아낼 수 있다면 승리에 이르는 첩경에 들어선 것이다.

그런데 만일 선수를 빼앗겨 상대방이 언터처블 논거를 들고 나왔다면, 어떻게 해야 하나? 어쩔 수 없다. 정면 돌파 외에는 길이 없다. 왈가왈부하지 말고 상대방의 주장과 논거의 상이점을 어떻게든 찾아내서 부각시키는 수밖에 없다. 특히 B의 주장처럼 잘못 연결된 게 분명해 보일 때는 이것저것 생각할 필요 없이 아래처럼 간단하게

반론하면 된다.

A : "여기서 말하는 선행학습 금지는 수영, 피겨 같은 특수 분야가 아니라 일반 학교에서 실시하는 공교육에 해당하는 것입니다. 김연아, 박태환 선수는 올림픽 금메달을 목표로 하는 스포츠 선수입니다. 학교에서 공부하는 아이들은 그렇지 않습니다. 금메달리스트 양성 교육을 일반 학교 교육에도 적용할 수는 없습니다. 그 둘은 오히려 달라야 하는 게 맞습니다. 지금 이 주제와는 전혀 상관없는 잘못된 비유를 든 것입니다."

여기서 화룡점정 멘트는 '잘못된 비유'이다. 상대방의 동일화가 그릇되었다고 쐐기를 박는 역할을 한다.

"그건 이 주제와는 상관없는 잘못된 비유입니다."

사실 논쟁에 익숙하지 않은 사람이 김연아, 박태환 논거에 당할 수밖에 없는 것은 당연하지만, 한편으론 생각이 너무 많아도 당할 수가 있다. '김연아까지는 아니더라도, 선행학습을 금지시켰다가 정말 아인슈타인이나 존 내쉬 같은 천재를 못 만들어 내는 건 아냐?' 하는 걱정을 하다 보면 머릿속이 복잡해지고 말이 꼬일 수가 있다.

고수들도 자주 빠지는 함정인데, 모든 전략적 싸움이 그렇듯이 생각이 너무 깊으면 그 깊은 사고가 오히려 족쇄가 되어 불리한 상황에 빠지는 경우가 많다.

실제로 위 논쟁 사례에서도 선행학습을 찬성하는 학부모들은 정말로 그런 걱정을 하기도 한다. '우리 아이에게 천재성이 있는 거 같은데, 선행학습 금지법이라도 생기면 아이의 천재성을 키우는 데 방해가 되지 않을까?' 대체로 제3자가 볼 때는 다소 어이없는 생각이지만, 논쟁하다 보면 이런 기우를 논거로 제시한 반론이 충분히 나올 수 있다. 물론 자기 자식이 그렇다는 얘기는 차마 못하겠지만 말이다.

....궁지에 몰리면 시간을 벌어라

문제는 이 모든 상황을 미리 예측해서 처음부터 완벽한 대응 논거를 만들 수는 없다는 점이다. 그러다 보면 오히려 논쟁이 쓸데없이 힘들어질 수 있다. 일단 상대방의 말을 가볍게 받아치다가 어려운 상황이 발생하면 그때 대처하겠다는 마음으로 임하면 쉬워진다.

하지만 아무리 생각해도 상대방이 동일화한 두 논거에 대해 반박할 차이점이 떠오르지 않을 때가 있다. 막연하게 '두 가지가 비슷하다고 하지만, 분명 다른 거 같은데… 그런데 어디가 다른지 콕 짚어서 말해 줄 포인트가 잡히질 않네' 싶을 때가 있다. 그러면 곤혹스러움과 당혹감이 밀려들기 마련이다.

이럴 경우, 우선 중후하고 느릿한 목소리로 최대한 여유를 가장하며 질책성 멘트를 날려 주자. 말이 막히면 일단 막혔다는 티를 내지 않으면서 시간을 버는 게 중요하다. 단 30초, 1분이라도 벌면 우리 뇌가 포인트를 찾아낼 수도 있다. 다음은 말이 막혔을 때 시간을 벌어 주는 멘트이다.

"그거(A)랑 이게(B) 어떻게 같습니까?"
"지금 이거(B)에 대해서 이야기하고 있는데 왜 그 얘기(A)를 하나요?"

앞뒤 가리지 않고 우선은 그게 어떻게 같은 거냐고 준엄하게 핀잔을 주는 것이다. 다음 사례를 보자.

> B : "선행학습 금지법은 너무나 현실성이 없습니다. 선행학습을 어떻게 정의할 것인가요? 1주일? 1개월이나 2개월? 어떤 기준으로 정해야 하죠? 성매매 방지법이 있다고 성매매가 없어졌습니까? 법은 시의성과 실효성을 동시에 따져서 제정해야 합니다."

물론 B의 주장은 논리적으로 따져도 간단하게 반박할 수 있겠지만, 만일 마땅히 그 방법이 생각나지 않는다면 일단 거두절미하고 이렇게 말함으로써 시간을 벌어야 한다.

> **A :** "여기서 성매매 방지법 이야기가 왜 나오나요? 그것과 선행학습이 무슨 관계가 있나요? 왜 아무 상관도 없는 사례를 들고 나오십니까?"

만약 B가 "그게 왜 상관이 없습니까?"라고 반론을 하면, 이번에는 그걸 증명해 보라고 이야기해 주자. 물론 B는 여전히 할 말이 많을 것이다.

> **B :** "성매매 방지법처럼 선행학습 금지법도 현실적으로 쓸모없는 법이 될 수 있다는 말입니다. 이게 이해가 안 되나요?"

A는 이에 대해 굳이 더 살을 붙일 필요도 없다. 상대가 한 말을 그대로 돌려주며 증명해 보라고 요구하기만 하면 된다.

> **A :** "그러니까 성매매 방지법의 실효성이 없어진 것과 선행학습 금지법의 실효성이 없을 것이라는 주장에는 어떤 논리적 연관성이 있는지

말씀해 주세요. 성매매 방지법이 효과가 없으니까 선행학습 금지법도 효과가 없을 것이라는 논리라면, 세상 모든 법은 효과가 없는 겁니까? 그러면 마약 금지법도 없애야 하나요?"

한 가지 덧붙이자면, 보통 질문을 받으면 그 질문에 대한 답을 고민하는데, 절대 그러지 말라. 그 질문이 왜 합당한 질문인지를 역으로 상대방이 증명하게 만들어야 한다. 증명은 하려고 하면 피곤하다. 증명하려고 하면 당한다. 미리 준비해 놓은 게 아니라면, 절대 상대의 요구에 따라 증명해 주려고 하지 마라.

잘 붙이고
잘 떼는 사람이
이긴다

넓히기와 좁히기 전술

....공격은 최대한 넓게

상대방의 주장이나 논거가 전혀 다른 대상과 같다고 치부해 버리는 동일화 전술을 구사하는 데는 한 가지 까다로운 조건이 있다. 바로 상대의 주장이나 논거와 동일화할 대상을 찾아내야 한다는 것이다. 그것도 내가 어느 정도 그 대상에 대해 충분한 정보를 가지고 있어야 한다. 예를 들어, 상대가 제기한 주장이나 논거와 동일화할 대상으로 히틀러를 찾아냈다고 해도 히틀러에 대한 충분한 정보를 가지고 있지 않으면 효과적으로 동일화할 수 없다. 논쟁 상대나 구경꾼들도 바보가 아니다. 터무니없는 동일화는 역공을 부를 수 있다.

동일화 전술이 이런 위험 부담이 있는 반면, 넓히기 전술은 보다 손쉽게 구사할 수 있다는 장점이 있다. 상대의 말이 지칭하는 범위를 최대한 넓게 확대해서 그 안에 부정적인 사례를 포함시키는 것이다. 학교 체벌 허용 여부를 두고 벌어진 논쟁을 보자.

A : "군대마저도 가혹 행위를 근절해 나가고 있는데 학교에서만 유독 체벌이 허용되어야 한다는 것은 너무 구시대적 발상입니다."
B : "최근 학생들이 교사를 폭행하는 등 교권이 땅에 떨어져 있습니다. 가급적 체벌을 줄여야 하겠지만 완전히 금지할 경우 교권 추락은 더 가속화될 것입니다."

우리 주변에서 아주 흔하게 볼 수 있는 체벌 관련 논쟁이다. 여기서 보이는 B의 어법이 상대방의 의견을 확장시킨 대표적인 사례이다. B의 이야기는 한마디로 요약해 보면 다음과 같다.

체벌 금지 ⇒ 교권 추락

그런데 이렇게 상대방 말을 요약해 버리면, 공격의 단초를 찾기 쉬워진다. 따지고 보면, 체벌을 금지한다고 반드시 교권이 하락한다는 근거가 있는 것도 아니다. 상대가 이처럼 '체벌을 금지하자'라는 나의 의견을 '교권을 추락시키자'라는, 내가 하지도 않은 말에까지 확장시키고 나왔을 때는 어떻게 해야 할까? 당연히 상대방의 무리한 넓히기 전술을 지적하고 원래 내가 주장했던 의미대로 다시 축소시키는 말로 대응해야 한다. 바로 좁히기 전술이다.

◎ 연결 끊기
A : "저는 체벌을 금지하자는 것이지 교권을 무시해야 된다고 말하는 게 아닙니다."

◎ 근거 요구
A : "체벌을 금지하면 반드시 교권이 떨어진다는 명확한 근거가 있습니까?"

B가 구사한 두 번째 의미 확장은 바로 최근 불거진 학생들의 교사 폭행 사건을 끌어들인 것이다. 이로써 A의 주장이 학생의 교사에 대한 폭행처럼 안 좋은 사례까지 포괄해서 감싸고 있다는 뉘앙스를 던져 준다. 따라서 A는 "나의 주장은 폭력을 행사한 학생에게 제재를 가하지 말라는 게 아니다. 체벌 이외의 제재 방법을 별도로 강구하자는 것이다"라는 식으로 내 주장의 한도를 좁힐 필요가 있다.

방어는 최대한 좁게

상대의 넓히기 전술에 대해 좁히기 전술로 대응한 사례를 하나 더 보자. 과거 국회의원 보궐 선거에서 노원병 지역구에 출마한 안철수 후보에 대해 이런 비판들이 난무했었다. 정치적 입장에 따라 안철수 후보의 선택에 대한 의견이 다르겠지만, 논쟁에서의 넓히기 전술과 좁히기 전술을 적절하게 참고할 수 있는 좋은 사례이기에 소개한다.

> "안철수 후보는 지난 대선 때 범야권 후보 단일화에 참여했던 사람인데, 이제 와서 같은 야권인 노회찬 의원 지역구에 출마한다는 게 옳은 일입니까?"

이런 비판에 대해 정치평론가 이철희 두문정치전략연구소장은 한 TV 프로그램에 출현해서 논의의 범위를 좁힘으로써 가볍게 반박했다.

> **이철희** : "안철수 후보가 노회찬 의원과 연대했던 게 아닙니다. 안철수 후보는 문재인 후보와 연대했었습니다."

이철희 소장은 논의의 틀을 '야권 전반'에서 '안철수와 노회찬'으로 국한시켜 버린 것이다. 이른바 좁히기 전술을 가장 전형적으로 구현한 사례이다. 그리고 혹시 있을지도 모를 상대의 추가적인 반론을 사전에 차단하고자 한다면 이런 코멘트를 뒤에 붙여 주면 효과적일 것이다.

"이미 대선이 끝난 마당에 안철수 후보가 모든 야권 정치인에 대해 연대의 책임을 져야 한다는 건 너무 가혹하지 않은가요?"

이와 같은 추가 발언은 상대의 넓히기 전술을 무력화하기 위해 구사하는 좁히기 전술을 더 완벽하게 해 준다. 상대방의 넓히기가 지나쳤다는 이미지를 만들어 주는 것이다. 이것을 편의상 '부당 확대 의도 지적'이라고 부를 수 있겠다. 좁히기가 B라면 부당 확대 의도 지적은 B'라고 이해하면 된다.

격투기 게임을 해 본 사람은 알겠지만, 한 방을 가격하는 공격보다는 연이은 콤보 공격을 가했을 때 점수를 더 높게 받는다. 실제로 복싱에서도 스트레이트를 2회 이상 연속으로 때리는 '원투 공격'이 기본이다. 논쟁에서도 마찬가지이다. 좁히기 전술로 상대방의 무모한 넓히기 전술에 대응하고자 했다면 다음처럼 2단계 전술 패턴을 반드시 기억해 두자.

◎ 단계별 좁히기 전술

1단계 : 상대방이 넓혀 놓은 내 말의 범위를 다시 좁혀서 재해석한다.

2단계 : 상대방이 너무 가혹할 정도로 범위를 넓혔다고 지적한다.

....언제 넓히고 언제 좁히나

그러면 언제 넓히고 언제 좁혀야 할까? 상황에 따라 넓히기 전술을 쓰는 게 좋을지, 아니면 좁히기 전술을 쓰는 게 좋을지 판단하기 애매하다면 간단하게 이렇게 기준을 정해 두자.

넓히기 - 부정적인 사례를 갖다 붙이기
좁히기 - 긍정적인 사례만 남기고 나머지는 버리기

예를 들어, 다음과 같은 주장이 있다고 해 보자.

"청년 백수들이 중소기업은 가지 않으려고 합니다."

이 주장을 부정적으로 확장해 보면 다음과 같다.

"청년 백수들이 중소기업은 가지 않으려고 하는 건 사치와 허영에 빠져 자기 능력은 생각하지 않기 때문입니다."

"청년 백수들이 중소기업은 가지 않으려고 하는 건 배가 불렀기 때문입니다."

청년들이 중소기업을 회피하는 건 하나의 분명한 현상이지만, 그것이 '사치와 허영에 빠져 자기 능력은 생각하지 않기 때문'이라거나 '배가 불렀기 때문'이라고 하는 것은 말하는 사람이 자기의 의도에 따라 제멋대로 갖다 붙인 것에 불과하다. 이런 경우, 상대는 어떻게 다시 축소해야 할까?

"청년 백수들이 중소기업은 가지 않으려고 하는 건 사치와 허영에 빠졌기 때문이 아니라 가정을 꾸리고 아이를 키우는 등 최소한의 생계유지에 대해서도 안정감을 가질 수 없기 때문입니다. 이걸 사치라고 매도할 순 없습니다."

"사실 진짜 문제는 사치와 허영이 아니라 높은 교육비와 양육비, 주거비를 따라가지 못하는 중소기업의 임금 구조에 있습니다."

"사회적 문제를 특정 집단의 인격이나 성격 문제로만 설명하려는 건 지나치게 단순한 발상입니다."

돈을 쓰는 목적은 크게 두 가지이다. 생계를 유지하기 위해 쓰는 것과 즐기기 위해 쓰는 것. 전자는 누가 뭐라 할 수 없는 필수적인 소비이고, 후자는 부정적인 이미지가 포함된 소비이다. 따라서 긍정적인 소비만 남겨서 강조하는 것으로 반론을 구성한 것이다. 바로 '생계 소비'이다.

좁히기의 기본 원리는 이렇게 이해하면 더 쉽다. 이 세상 어떤 것도 100% 좋기만 하거나 100% 나쁘기만 한 것은 없다. 우리 사회의 주요 쟁점인 복지 문제나 재벌 문제도 한쪽으로 좋기만 하거나 나쁘기만 한 것은 아니다. 따라서 논쟁에서 어떤 사안이든 부정적인 면을 버리고 긍정적인 면을 강조함으로써 좁히기 전술을 성공적으로 구사할 수 있는 것이다.

가장 대표적인 예가 명품족들의 논리이다. 명품족들은 명품 소비에 대한 공격을 받으면 명품의 좋은 점만 골라내서 그것만 집중적으로 강조하는 것으로 대응한다. 품질이 좋아서 수명이 길기 때문에 장기적으로 보면 품질이 나쁜 싸구려 제품들을 여러 개 사는 것보다 오히려 돈이 덜 든다는 것이다. 이 진술의 사실 여부를 떠나, 자신이 옹호하고자 하는 사안의 긍정적이고 순기능적인 면만 남기고 나머지는 버린다는 좁히기 전술의 원리를 잘 살린 반론이다.

.... 비판의 격을 높이는 법

'청년 백수 사례'에서 보듯, 넓히기 전술은 기본적으로 부정적인 대상을 갖다 붙이는 것이기 때문에 자칫 저급해 보일 수 있다. 이는 청년 백수의 실태를 부정적으로 규정하기 위해 갖다 붙인 것이 '배가 불렀다', '주제를 모른다', '허영과 사치' 같은 단어들이기 때문이다. 그러면 바로 상대로부터 수준이 낮은 갖다 붙이기라고 반박당하기 쉽다.

하지만 사례를 갖다 붙이면 사정이 달라진다. 보다 고급스럽게 타격을 입힐 수 있다. 예를 들어, 같은 처지에서도 잘해 낸 사람을 예로 드는 것이다. 만일 당신이 중소기업을 외면하는 요즘 청년들의 사고방식을 비판하고 싶다면, 빼어난 능력을 가졌음에도 중소기업에서부터 시작하는 청년의 사례를 갖다 붙이면 된다.

"재미 교포인 A는 세계 최고의 기업 애플에서 퇴사하여 한국의 한 이름 없는 벤처 기업으로 왔습니다. 그는 오로지 비전 하나만 보고 중소 벤처 기업에 투신했습니다. 삼성, LG만 가려고 하는 한국 젊은이들과 너무나 대비되는 대목입니다. 이러한 도전정신을 왜 한국 젊은이들은 가질 수 없는 건가요? 왜 처음부터 완성된 결과물만을 얻으려고 하나요? 그건 성급한 욕심에 불과합니다."

이런 주장으로 상대방을 설득할 수는 없을 것이다. 하지만 이 사안을 두고 논쟁 중이라면, 일시적으로 분위기를 내 쪽으로 유리하게 조성하는 역할 정도는 충분히 할 수 있다. 더구나 부정적인 단어를 갖다 붙이는 대신 누구나 수긍할 만한 사례를 갖다 붙였기에 보기에도 그럴 듯해 보인다.

이런 방법은 특히 비판적 의견 개진을 물리칠 때 강력한 위력을 발휘하고는 한다. 실제로 어떤 기업이나 조직이든 구성원들이 현재의 문제를 제기하고 비판할 수 있는데, 이럴 때 비겁한 관리자나 리더들이 잘 쓰는 화법이 바로 이것이다.

1. "동기인 A는 별 불만 없는데 왜 자네만 그러나?"
2. "옛날에 나는 더 열악한 환경에서 일했네."

1의 화법이 위력적인 것은 직원 10명 중 단 1명만 입을 다물어도 나머지 9명이 말을 하기가 힘들어지는 사태가 벌어지기 때문이다. 우리 주변에서 말도 안 되는 조직이 여전히 많은 이유이다.

권력이 비교도 할 수 없이 약한 부하 직원이 상사의 이런 화법에 말로 대항한다는 건 거의 불가능하다. 현실에서는 그렇다. 하지만 논리적으로 따져 보면 위 두 가지 화법 모두 말이 안 된다. 한번 따져 보자.

1. "동기인 A는 별 불만 없는데 왜 자네만 그러나?"

일단 A가 아무 말 안 하고 있다고 해서 그가 불만을 느끼지 않는 건 아니다. 따라서 A가 불평하지 않는다는 사실로 조직에 불합리가 없다고 단정 짓는 것은 잘못된 전제를 하고 있는 것이다.

'말 ≠ 생각'인데 '말 = 생각'으로 단정한 오류

또 같은 일을 하거나 같은 사무실에 있다고 해서 같은 상황에 놓여 있는 것은 아니다. A는 승진이나 보너스 등 특혜를 보장받고 입을 다물라는 지시를 받고 있는 상황일 수도 있다. 아니면 불합리한 제도를 통해 무언가 혜택을 보고 있는 사람일 수도 있다. 여러모로 한 사안을 객관적으로 볼 수 있는 입장이 아닐 수가 있다.

'같은 장소 ≠ 같은 상황'인데 '같은 장소 = 같은 상황'으로 단정한 오류

하지만 불행하게도 이와 같은 오류를 알고 있어도 상황과 힘에서 밀리면 결국 논쟁에서도 패할 수밖에 없다. 꼭 말을 잘 한다고 논쟁에서 이길 수 있는 건 아니다. 그러니 내가 어떤 구도에서 싸우고 있는지도 고려해야 한다.

2. "옛날에 나는 더 열악한 환경에서 일했네."

기업이든 조직이든 우리 사회에서 아주 흔히 듣는 말이면서도 가장 받아들이기 힘든 말이기도 하다. 애초에 증명이 불가능한 논거를 주장의 증거로 제시하고 있기 때문이다. 1960년대에 살아 보지 않은 사람에게 1960년대 경험을 논거로 들고 나오면 아예 대응할 말이 없지 않은가? 이런 화법은 제대로 된 토론에서라면 써서는 안 되는데, 놀랍게도 〈100분 토론〉 같은 정식 토론 프로그램에서도 자주 볼 수 있다. 대표적으로 선행학습 금지법에 반대하는 사람들 논리가 이렇다.

"다른 나라에서는 그런 억지스런 금지법을 만들지 않아도 좋은 교육을 만들어 가고 있습니다. 이건 법으로 처리할 문제가 아니라 사회적 합의로 자연스럽게 해결해 가야 할 문제입니다."

'다른 나라는, 다른 사람은, 다른 기업은 당신이 주장하는 것 없이도 잘하고 있다'는 논리를 내세우면 많은 경우 상대방을 곤혹스럽게 만들 수가 있다. 하지만 이런 화법은 말을 던지는 입장에서는 손쉬운 방법이지만, 반대편 입장에서는 다른 나라 교육 상황과 우리 상황이 어떻게 다른지, 왜 우리나라는 이런 특별한 법이 필요한지에 대해 진땀을 흘리며 설명해야 한다. 이런 식의 논법이 사회적으로 횡행하면 사회 전반에 걸쳐 부조리들에 대해 거부감이 줄어들거나 덮어지는 상황이 벌어질 우려가 있다.

"청년 취업이 문제라고요? 취업 잘하는 애들도 많이 있어요. 이번에 보도된 청년 창업자 한 번 봐요. 다 당신이 무능해서 그런 거예요."
"한국의 경쟁 교육이 문제라고요? 미국에는 명문대 입학 경쟁이 없나요? 유럽은 명문대가 없나요? 오히려 명문대가 많을수록 선진국입니다. 어떻게 경쟁을 완전히 배제할 수가 있어요? 왜 명문대를 욕해요?"

어쨌든 위와 같은 터무니없는 말들이 횡행하기도 하는 것이 현실이다. 그러니 크고 작은 논쟁들에서 어처구니없는 피해를 입지 않으려면, 혹은 터무니없는 논쟁에서 상대를 곤경에 빠뜨리려면 이런 논쟁의 기술들도 익혀 두어야 한다.

말과 행동이 100% 같은 사람은 없다

모순 전술

동일화 전술만큼이나 자주 쓰이면서 상대에게 치명적인 타격을 안겨 주는 화법으로 모순 전술이 있다. 바로, 상대가 제시한 말이나 입장을 살짝 비틀어서 모순되는 진술로 바꿔 버리는 것이다. 모순 전술은 크게 두 가지로 구분할 수 있다.

....강용석의 모순 전술

첫 번째 모순 전술은 상대가 주장하는 바와 상대의 행동이 일치하지 않는다고 공격하는 것이다. 여기서 말하는 '상대'는 지금 논쟁을 벌이고 있는 당사자에 국한되지 않는다. 상대방의 주장과 같은 입장을 취하고 있는 유명인, 집단, 세력까지 포괄한다. 그만큼 공격의 대상을 찾기가 쉽다. 아래 예는 특목고 논쟁과 관련한 강용석 변호사의 발언이다.

> **강용석** : "자식을 특목고에 보내면서 특목고를 없애자고 주장하는 태도는 설득력이 떨어집니다. 곽노현 교육감은 외고를 없애자고 하면서 본인 자녀는 외고를 보냈습니다."

만일 당신이 특목고를 없애자는 사람과 논쟁을 한다면 이런 사례는 아주 유용하게 써먹을 수 있다. 비록 지금 내 눈앞에 있는 상대방이 자식을 특목고에 보내지 않았더라도 위에서 강용석 변호사가 구사한 것처럼 행동과 주장이 모순을 보인 유명 인사를 끌고 들어와 논거로 활용하는 것이다. 사례만 적절하게 찾아낸다면 상대방을 그 유명인과 동일화함으로써 궁지에 몰아넣을 수 있다.

모순 전술의 성공 여부는 적절한 사례를 발굴해 내느냐에 달려 있다. 어떠한 사회적 현안이든 당연히 그 안을 지지하는 일련의 사람들이 있기 마련이며, 그들 무리나 집단을 잘 들여다보면 모순적인 행동을 하는 인물을 찾아내는 게 불가능하지만은 않다는 사실을 알 수 있다.

모든 집단은 반드시 문제적 인물을 내포하고 있다. 단적으로 정치 집단을 보면 알 수 있다. 그 어느 정당이든 문제적 사건이나 인물과 전혀 무관한 곳은 없다. 따라서 상대의 주장이 대변하는 세력을 가능한 한 넓은 범위로 확장해 나가다 보면 모순 전술에 활용할 적절한 사례를 그리 어렵지 않게 찾을 수 있을 것이다.

　　논쟁의 주제가 사회적 현안이 아니라 직장 생활이나 개인사에 국한한 경우에도 마찬가지이다. 상대방의 과거 이력을 쭉 훑어보는 게 먼저요, 그래도 모순을 찾아낼 수 없다면 범위를 확장해 누구나 알 만한 유명인을 찾아보자.

....없으면 만들 수도 있다

모순 전술의 두 번째 방법은 모순 사례를 창조해서 반대 논거로 활용하는 방법이다. 아래 논쟁 예시를 보자.

A : "정부는 대학 등록금 반값 정책을 당장 실현해야 합니다."

B : "그 재원은 대체 어떻게 마련할 것인가요?"

A : "한국 사회에서 고소득자들이 과연 버는 것만큼 제대로 세금을 내고 있다고 생각하나요? 상위 1% 부자들에 대해 증세를 하면 재원은 얼

마든지 확보할 수 있습니다."

B : "부자들에게 차등적으로 고액 세금을 물리자는 뜻인가요?"

A : "그렇습니다."

B : "그 말은 모순입니다. 그럼 대학 등록금도 학생의 가정 형편에 맞게 차등적으로 낮추거나 올려야 하지 않나요? 왜 일률적으로 반값으로 하자는 것인가요? 세금은 차등적으로 걷으면서 왜 등록금은 일률적으로 해야 하나요? 주장 자체가 모순투성이입니다."

B는 상대방의 주장에 반한 사례 하나를 가져다가 그것을 빌미로 상대방의 모든 말을 모순으로 몰아가고 있다. 이때 모순 포인트를 하나밖에 발굴하지 못했다 해도, 위 사례처럼 마무리 멘트를 붙여 주면 상대의 말 대부분이 엉망이라는 뉘앙스를 만들어 낼 수 있다.

모순 전술은 일단 상대에게 올가미를 걸어 놓기만 하면 아주 강력한 위력을 발휘한다. 다만 문제는 모순으로 엮을 만한 사례를 찾기가 어렵다는 데에 있다. 위에서 예로 든 B의 사례도 별것 아닌 것처럼 보이지만, 사실 B는 나름대로 논쟁의 고수라고 할 수 있는 것이 등록금을 반값으로 낮추자는 A의 말에서 그 안에 숨어 있는 '일률적'이라는 의미를 창의적으로 해석하는 기지를 발휘했기 때문이다. 이로써 B는 등록금은 '일률'인데 왜 세금은 '차등'인가 하는 모순 포인트를 만들어 낼 수 있었다.

B는 실제로 A의 주장에 모순이 있었던 게 아닌데도 불구하고 원래 없던 모순 포인트를 스스로 창조해 냈다. 우리는 이처럼 상대 말에서 모순 포인트를 창조적으로 발굴해 내야 하는데, 당연히 이 스킬은 모순에 대한 논리 교육으로는 얻어질 수 없다. 실전에서 상대방이 '뭐든지 뚫는 창과 모든 걸 막는 방패'처럼 금세 알아채기 쉬운 모순을 우리에게 거저 던져 줄 리도 없다.

그렇다면 상대의 말에는 없는 모순 포인트를 어떻게 '만들어 낼' 수 있을까? 일단 가장 먼저 쓸 수 있는 방법은 상대방에게 새로운 주장을 하도록 유도하는 것이다.

위에서 B가 사용한 방법이 그 전형적인 예이다. A의 주장은 원래 '대학교 반값 등록금을 실현하자'라는 것이었다. 요즘 등록금이 하도 비싸서 대학생들이 힘들어하는 상황에서 이 주장을 반박하기는 쉽지 않아 보였다.

그런데 B는 A의 기존 주장을 잠시 제쳐 두고 '재원'이라는 새로운 화두를 꺼냈다. 짜장면에 단무지가 빠질 수 없듯이 복지 관련 논쟁을 할 때 당연히 거론되는 문제이기는 하지만, 어쨌든 B는 이 이야기를 꺼냄으로써 A가 재원 마련과 관련된 주장을 새롭게 하게 만들었다. 말하자면 논쟁의 쟁점을 옮겨 버린 것이다.

논쟁을 하다 보면 흔하게 볼 수 있는 사례이지만, 공격하는 입장에서 보면 대단히 흥미로운 패턴이다. 물론 여기서 B의 말이 논리적으로 맞는다고 주장하는 게 아니다. 오히려 불리한 상황에서, 그것도 맞지도 않은 주장을 그럴 듯하게 포장해 낸 그 창의력에 주목해 보자는 것이다. 만약 상대방의 말에서 빈틈을 찾을 수가 없다면, 상대가 새로운 주장을 하게 만들어야 한다.

표적을 늘리는 법

모순 포인트를 찾아내는 또 다른 방법은 상대방의 주장을 단계화시켜서 생각해 보는 것이다. 이번에는 반값 등록금 정책을 시행하지 말자는 주장에서 모순 포인트를 발굴해 보자. 이를 위해 우선 상대방에게 이런 질문을 먼저 해 볼 수 있다.

> A : "반값 등록금 정책을 반대하는 이유가 무엇인가요? 대체 반값 등록금 정책을 시행하면 어떤 피해라도 보게 된다는 건가요?"

어렵지 않다. 상대방에게 왜 그런 주장을 하는지 좀 더 자세하게 설명해 달라고 툭 던지듯 말하면 된다. 사람은 이러쿵저러쿵 말이 많아지면 허점이 생기고 실수를 하기 마련이다. 따라서 가능한 한 상대방이 말을 많이 하게 유도하는 게 좋다. 질문을 받은 B는 십중팔구 이렇게 대답할 것이다.

B : "일반 대중의 인기에만 영합하는 포퓰리즘이 만연하게 됩니다."

B : "무분별하게 복지를 늘린 그리스의 나라꼴을 보세요. 복지를 남발하면 우리도 그렇게 될 수 있습니다."

B : "결국 부족한 돈은 국민 세금으로 메워야 합니다. 대학 안 가는 사람들에게까지 부담이 전가되는 셈인데 그건 불공평합니다."

B : "학교 정책에 무작정 개입하는 건 정부의 월권행위이고, 증세를 초래해 시장을 왜곡할 수 있습니다."

자, 이쯤 되면 상황이 많이 달라졌다. 단순히 "반값 등록금 정책을 시행하는 건 어렵습니다"라는 주장을 대할 때보다 반격할 여지가 훨씬 많아졌다. 당연하다. 상대의 말이 많아지면 많아질수록 공격할 수 있는 표적도 넓어지는 것이다. 사격과 마찬가지이다. 표적 수가 많고 크면 당연히 총알이 맞을 공간도 넓어진다.

흔히들 논쟁에서 상대방보다 말을 많이 해야 이기는 것이라고 생각하지만, 천만의 말씀이다. 수많은 논쟁을 분석해 봤지만, 대부분의 패배는 말을 너무 많이 한 데 원인이 있었다. 제 아무리 천재적인 논객이어도 주절주절 말을 많이 하면 절대로 계속해서 이길 수 없다. 인간의 말은 꼬투리를 잡으려 하면 어딘가 허점이 하나둘 보이기 마련이다.

내가 말을 많이 하면 불리하고 상대가 말을 많이 하게 하면 유리한 이유가 또 하나 있다. 예를 들어, 반값 등록금을 반대하는 사람이 위에서처럼 자신이 반값 등록금을 반대하는 이유들을 전부 이야기했다고 해 보자. 겉으로 보면 대단히 유식하게 보일지 모르겠지만, 절대 그렇지 않다. 실속 면에서는 상대에게 공격의 실마리를 줄 뿐이다. 생각해 보라. 상대방은 그 수많은 이유들 중에서 공략하기 가장 쉬워 보이는 것 하나만 골라 집중하면 되기 때문이다.

이처럼 내가 가진 카드를 한꺼번에 다 열어 보여서는 절대 안 된다. 그것은 적을 앞에 두고 스스로 성문을 활짝 열어젖히는 행동과 마찬가지이다.

....더 많이 말하게 하라

그런데 B가 조목조목 제시한 추가 주장들에서마저 확실하게 반박할 모순 포인트를 찾지 못했다면 어떻게 해야 할까? 간단하다. 연이어 추가 질문을 해서 더 많은 말을 하게 만드는 것이다. 어떤 말을 갖다 붙이느냐에 따라 같은 사인이라도 긍정적으로 보일 수도 있고 부정적으로 보일 수도 있다. 말이 가진 진정한 힘이란 이런 것이다.

B : "무분별하게 복지를 늘린 그리스의 나라꼴을 보세요. 복지를 남발하면 우리도 그렇게 될 수 있습니다."

A : "그리스를 사례로 든 것은 우리나라가 반값 등록금 정책을 실시하면 그리스처럼 경제 위기를 겪게 된다는 뜻인가요? 그럼, 그리스가 경제 위기에 빠진 것은 반값 등록금 정책 때문인가요? 그렇게 생각하는 이유는 무엇인가요?"

지금 A는 '깊숙이 물어 보기'를 구사하고 있는 것이다. 이때 만일 B가 A가 쳐 놓은 그물에 걸려들어 이 질문에 대한 답을 고민하기 시작한다면 그때부터 B는 자기 페이스에 스스로 말리게 되는 셈이다. 이에 대해 B가 답을 한다면, 사실 다음과 같을 수밖에 없을 것이다.

B : "무분별한 복지 확대가 큰 경제 위기를 초래할 수 있다는 하나의 예로써 그리스 이야기를 한 것입니다."

이 정도로 내용이 상세하고 구차해지면 A 입장에서는 대응하기가 한결 수월해진다.

> A : "말씀하신 것처럼 그건 하나의 예일 뿐입니다. 그러니 반값 등록금 정책을 시행한다고 해서 꼭 그리스처럼 큰 경제 위기에 몰린다는 논리는 성립할 수 없는 것 아닙니까?"

그런데 흐름이 좋다고 해서 아래처럼 너무 나가면 오히려 역공을 당할 수 있다. 모름지기 과유불급이라 했다.

> A : "복지 정책이 과해서 망한 나라도 있지만, 반대로 스웨덴이나 노르웨이처럼 복지 정책을 잘 시행해서 더 부강해지고 탄탄해진 선진국도 많이 있지 않습니까? 왜 이런 예는 들지 않는 거죠?"

새로운 화두는 늘 반격의 구실이 될 수 있다. 그리스를 물고 늘어졌으면 끝까지 그리스로 가야지 쓸데없이 스웨덴, 노르웨이라는 새로운 화두를 들고 나오면 여태 잘 잡아 온 주도권이 상대방에게 넘어가게 된다.

> B : "노르웨이는 국토 면적이 우리나라보다 몇 배나 크고 지하자원도 엄

청나게 풍부합니다. 어떻게 그런 나라와 우리나라를 비교하나요? 좁은 땅에 자원이라고는 거의 없고 인구만 엄청 많은 우리나라가 자원이 풍부한 노르웨이 같은 나라들과 같은 수준의 복지 정책을 편다는 게 말이 되나요?"

상황이 이렇게 되면, A는 노르웨이와 한국을 제멋대로 비교한 무식쟁이로 몰리게 되고, 급기야 변론해야 하는 입장이 되고 만다. 물론 '노르웨이와 한국은 다르다'는 B의 반격을 물리칠 완벽한 논리를 가지고 있다면 A는 함정을 파서 상대를 유인한 멋진 작전을 구사한 것으로 볼 수도 있겠지만, 그런 게 아니라면 가급적 새로운 화두를 먼저 언급하는 일은 없어야 한다.

.... **도발을 유도하라**

앤더슨 실바는 한때 세계 최고의 격투기 선수로 이름을 날렸다. 특히 경기 중에 손 가드를 내리고 상대에게 들어오라고 유도하는 것으로 유명했다. 상대가 공격해 들어오게 만들고 그 빈틈을 노려 카운터펀치를 날리는 것이다. 그러면 체력을 아낄 수 있을 뿐만 아니라 작용-반작용 원리에 따라 카운터펀치의 위력도 배가되어 상대는 큰 타격을 받게 된다.

실제로 격투기 경기를 보면 두 선수가 공격할 생각은 않고 마냥 대치만 하고 있는 장면을 자주 볼 수 있다. 공격을 해서 점수를 얻어야 이길 수 있는데, 왜 그럴까? 섣불리 공격하다가 카운터 공격을 받으면 치명적인 피해를 입는다는 사실을 알기 때문이다. 이 원리는 논쟁을 벌일 때에도 그대로 적용된다. 상대의 말에서 허점을 찾아내 바로 받아치는 것이 말 공격의 제1원칙이다. 그러니 허점이 없다면 창의적으로 만들어 내기라도 해야 한다.

승리로 가는 교두보,
이미지를 선점하라

올가미 전술

....이미지가 곧 생명이다

올가미 전술은 상대에게 가장 큰 타격을 입히는 논쟁법이다. 한마디로 상대방에게 좋지 않은 이미지를 덧씌우는 것으로, 한 번 이미지에 손상을 입은 상태에서 논쟁에 임하기는 참으로 고통스럽기 짝이 없기 마련이다. 만약 축구 경기라면 세 골쯤 먼저 내주고 싸우는 것과 마찬가지이다. 여기서는 상대에게 족쇄를 씌우기 위해 주로 구사되는 올가미의 종류와 그 대처법을 알아볼 것이다.

    회사생활을 하다 보면 합리적인 선에서 도저히 수긍하기 어려울 정도로 해괴한 지시를 하는 선배나 상사를 만나게 된다. 하지만 우리는 말도 안 되는 지시를 내린 것에 대해 그 부당함을 호소할 때 큰 어려움을 느낀다. 이유를 불문하고 그들과 말 공방을 벌이는 것 자체가 주변 사람들에게는 버릇장머리가 없는 것처럼 보이기 때문이다.

"아니 어떻게 윗사람에게 대들지? 저런 행동이 조직의 질서를 해친다니까."

한국 사람 중에 이런 평가로부터 자유로울 수 있는 사람은 거의 없을 것이다. 이게 바로 올가미이다. 한국 문화에서 이 올가미는 아주 강력한 힘을 발휘하기 때문에 대부분의 사람들은 신경을 쓸 수밖에 없고, 선배나 상사는 해당 사안에 대해 주저리주저리 말을 덧붙일 필요도 없이 한마디만 하면 된다.

"지금 선배한테 대드는 거예요?"

이 한마디로 논쟁을 자신에게 유리하게 이끄는 것이다. 이것이 바로 올가미의 위력이다. 올가미를 씌우는 방법은 간단하다. 한국 사회에서 누구나 거부하는 행동 방식이나 사고방식이 있다. 그것들 중에서 적절한 것 하나를 골라 상대방에게 뒤집어씌우면 상대방은 그렇지 않다고 변명을 해야 한다. 궁지에 몰리기 시작하는 것이다.

TV 토론이나 정책 토론회 같은 형식이 비현실적인 이유도 여기에 있다. TV 토론이나 정책 토론회는 참여자들이 기본적으로 상당히 대등한 입장에서 참여하는 말의 대결이다. 그러나 우리 일상에서는 그렇게 대등한 관계에서 논쟁을 할 수 있는 경우는 거의 없다. 선생과 학생, 선배와 후배, 상사와 부하, 돈과 권력을 쥐고 있는 자와 그렇지 않은 자처럼 일상에서 벌어지는 논쟁은 공식 토론회와 달리 늘 비대칭적이다.

물론 대칭의 위쪽에 있는 사람은 논쟁을 더 잘하기 위해 머리를 굴릴 필요가 없다. 사자가 토끼에게 잡아먹힐 걱정을 할 필요가 없는 것처럼 말이다. 억울해도 어쩌겠는가, 이게 현실인 것을. 그래서 우리는 논쟁에서 필승하기 위한 말의 기술을 단련해야 한다. 비대칭 관계에서 대부분 약자일 수밖에 없는 우리의 인격과 당연히 가져야 할 몫을 지키기 위해서.

.... 한국인이 두려워하는 올가미들

그렇다면 상대방에게 족쇄를 씌워 꼼짝하지 못하게 할 만큼 강력한 올가미는 어떤 것이 있을까? 한국인이라면 누구나 듣기 싫어하는 사람의 이미지를 떠올리면 알기 쉽다. 예를 들어, 직장인이라면 융화력이 뛰어나다는 소리를 듣고 싶어 하지, '대드는 놈'이라는 소리는 듣고 싶어 하지 않는다.

"이렇게 준비 없이 시작하다가는 나중에 일정을 진행하는 데 무리가 따를 수 있습니다. 무턱대고 시작부터 하고 보라는 건 무리입니다."

부하 직원이 무리한 일정으로 진행하면 사고가 날 것 같다고 순수하고 합리적인 문제를 제기하지만, 상사는 이에 대해 논의해 볼 필요도 없다는 듯이 준엄한 표정을 지으며 한마디 할 뿐이다.

"선배가 하는 말에 일일이 토 달고 대드는 건 조직 생활에서 옳은 행동이 아닐세."

상사는 간단하게 부하 직원의 기를 확 꺾을 수 있다. 이것이 바로 비대칭 힘의 실체이다. 그리고 이런 관계에서 발생하는 올가미를 관계성 올가미라 한다. 이와 더불어 한국인이라면 누구나 활용할 수 있는 일반형 올가미가 있다. 지금부터 올가미들의 종류를 사례와 함께 하나하나 살펴보자.

....몰인정 올가미

첫 번째는 몰인정 올가미이다. 상대방의 태도가 지나치게 냉정하고 몰인정하다는 올가미를 씌우는 것이다. 자칫 우리가 학교에서 배운 '인정에 호소하는 오류'에 빠졌다는 반응을 불러일으킬 수 있지만, 그럼에도 잘만 사용하면 갤러리들의 마음을 내게 끌어오는 데 상당히 유용한 올가미이다. 예를 들어, 반값 대학 등록금 정책에 반대하는 상대방에게는 이런 식으로 이야기를 전개해 나갈 수 있다.

"요즘 대학생들이나 대학생을 자녀로 둔 학부모들이 힘들어하는 것은 알죠?"

이 말에 대해 "아뇨, 그런 것 몰라요"라고 말할 사람은 당연히 아무도 없다. 그보다는 발끈해서 이렇게 나올 것이다.

"그걸 누가 몰라요? 하지만 그렇다고 해서 무조건 반값으로 깎아 줘야 하나요? 그러면 서민 생활이 어렵다고 하니 쌀값도 반값으로 깎고, 지하철 요금도 당장 반으로 내려야 하나요? 비용을 산정하고 값을 책정하는 데는 다 원리가 있어요. 그런 최소한의 경제적 상식도 없는 무지한 발언은 하지 마세요."

어쩌면 상대방은 이보다 더 그럴 듯한 논리로 무장한 채 반격할지도 모른다. 하지만 올가미 씌우기는 인정에 호소하는 전략이다. 상대방이 어떤 논리를 펴든, 어떤 논거를 들이대든, 그를 야박하고 몰인정한 사람으로 규정하는 게 관건이다.

논쟁에서 정작 중요한 것은 상대방이 아니라 갤러리들의 마음이다. 갤러리들은 논쟁 당사자들만큼 사안을 절박하게 여기지 않기 때문에 비교적 쉽게 감정에 휘둘린다. 올가미 씌우기는 바로 이 점을 이용하여 상대방에게 '자신은 몰인정하지 않다'는 사실을 역으로 증명해야 하는 부담을 지워 주는 것이다.

죄를 져도 불쌍하면 용서해 주는 게 사람의 인정이다. 그러니 몰인정 올가미는 상당히 강력한 힘을 발휘한다. 말 자체의 논리와 논거를 가지고 싸우는 것도 중요하지만, 그와 더불어 상대방에게 족쇄를 채워 움직임을 묶어 두는 것도 중요하다. 족쇄는 많이 채울수록 좋다.

물론 상대도 가만히 당하고만 있지는 않을 것이다. 내가 인정에 호소하는 오류를 저질렀다느니, 지식이 부족하다느니 등등 역으로 내게 올가미를 씌우려고 할 수도 있다. 그렇더라도 절대 흥분하지 말고 올가미를 씌우며 했던 질문을 한 번 더 반복한다.

"여하튼 대학생들과 학부모들이 힘든 상황에 처해 있다는 건 인정하죠?"

이에 대해서는 당연히 '그렇다'고 대답할 것이다. 물론 그렇다고 해도 주장을 철회하지 않을 것이다. 그보다는 오히려 '불쌍하다고 해서 국가가 모든 것을 해 줄 수는 없다'거나 '포퓰리즘 선동하지 마라' 등등 반박하고 나설 것이다. 그러면 그런 이야기들은 이미 다 하지 않았느냐고 끊고, 다시 올가미에 집중하자.

"사정이 어렵다는 것을 알면서 무조건 안 된다고만 하면 어쩌라는 거죠? 뭔가 대안을 제시해야 하지 않나요? 물론 반값 등록금이라는 정책이 완벽할 수는 없을 것입니다. 그래도 워낙 학생, 학부모 사정이 어려우니 고육지책으로라도 생각해 볼 수 있잖아요?"

"말로만 그들의 어려운 사정을 이해한다고 하지, 실제로는 그냥 몽니 부리는 것으로밖에 안 보입니다. 진정으로 그들을 위하는 마음이 있다면 대안을 내놓아야죠. 제가 보기에는 그들의 어려운 사정을 조금도 이해하지 못하는 것 같네요."

이쯤에서 지금까지 전개한 올가미 전략의 구조를 간단히 정리해 보면 이렇다.

◎ 1단계

A : "대학생들 사정이 어려운 거 알아요?"

B : "알고 있습니다."

◎ 2단계

A : "제가 보기에는 그들의 어려운 사정을 무시하는 몰인정한 분 같은데요?"

B : "아니, 안다니까요."

◎ 3단계

A : "그렇다면 본인이 몰인정하지 않다는 것을 증명하기 위해서라도 대안을 하나 내 보시죠."

◎ 4단계

(대안을 내놓지 못했을 경우)

A : "대안도 없으면서 훼방만 놓다니, 역시 인정이 없으시군요."

(대안을 내놓았을 경우)

A : "그 정도 대안으로 효과가 있을 것이라고 생각하다니, 역시 인정이 없으시군요.

A : "이미 논의되고 있는 대안이 아닌가요? 그 정도밖에 생각을 안 하다

니, 역시 인정이 없으시군요."

여기서 중요한 건 2단계와 3단계이다. 일부러 깊이 물어 보기 전술을 반복적으로 구사함으로써 상대방을 내가 제시한 테마에 묶어 둔 다음, '내가 제시한 조건을 충족시키지 못하면 당신은 역시 인정이 없는 사람'이라는 메시지를 강화하는 것이다. 얼핏 보면 말장난 같지만, 실제로 각종 토론회에서 정치인, 교수, 언론인 할 것 없이 명색이 지식인이라 하는 유명 인사들이 질리도록 애용하는 방법이다.

1. 대안 제시가 안 되었다.
2. 대안이 부족하다.
3. 예전부터 제기되던 효과 없는 대안이다.

⇓

더 구체적이고 많은 대안을 내놓아야 이 올가미에서 정당하게 벗어날 수 있다.

이로써 당신은 상대방을 옴짝달싹하지 못하게 족쇄를 채운 셈이다. 사실 A 입장에서 보면, B가 반드시 반값 등록금 정책에 상응하는 해결책을 내놓아야 하는 것은 아니다. 어떤 수준의 대안을 내

놓든 그게 B에게 인정이 있느냐 없느냐 여부와는 크게 상관이 없다는 말이다. 다만 A는 갤러리들에게 B가 인정 없는 사람이라는 인상만 주면 되는 것이다.

세상에 한 가지 해석만 가능한 상황이란 없다. 말을 어떻게 갖다 붙이느냐에 따라 상황에 대한 주변 인식이 충분히 바뀔 수 있다. 예를 들어, 누군가 "젊은이는 더 큰 꿈과 열정을 가지고 노력해야 합니다"라고 말했다고 하자. 똑같은 말이지만, 누가 말했느냐에 따라 그는 이 시대 청년에게 꿈을 심어 준 멘토로 평가받기도 하고, 이기적이며 기득권만 지키려는 추접한 기성세대로 폄훼되기도 한다. 따라서 상대방의 주장을 무력화시키기 위한 공격 방법으로 몰인정 올가미를 선택했다면, 상대가 한 번 저항했다고 해서 바로 철회하지 말고 끈질기게 올가미를 던질 필요가 있다.

자칫 간교해 보이지 않을까 움츠러들 것도 없다. 중요한 건 행위 자체가 아니라 그 행위가 추구하는 궁극적 목적이다. 세상에서 사람의 배를 가장 잘 가르는 사람은 그 누구도 아닌 외과의사이다. 과격하다고 해서 무조건 나쁜 것은 아니라는 말이다. 한산도대첩을 승리로 이끈 이순신 장군의 계략을 간교하다고 무시하는 사람은 없다. 이 점을 기억하면서 다른 올가미들을 더 살펴보자.

.... 싸움꾼 올가미

지금 이기는 논쟁술에 대해 이야기하고 있지만, 정작 한국인만큼 싸움을 싫어하는 사람도 없다. 오죽하면 정치인을 비판할 때 제일 많이 하는 말이 "만날 싸움만 한다"는 것이겠는가. 사실 정치의 본질과 동떨어져 있는 말인데도 표심에 큰 영향을 미치는 게 현실이다. 정치인들이 치고받고 싸우다가도 언제 그랬느냐는 듯이 환하게 웃으며 화해하기를 반복하는 것도 이 때문이다.

싸움꾼 이미지가 얼마나 부정적인 이미지를 만들어 내는지는 선거 기간 동안 벌어지는 후보자 토론을 보면 확실하게 알 수 있다. 초박빙으로 치러진 2002년 서울시장 선거 당시로 돌아가 보자. 김민석 후보와 이명박 후보가 토론 배틀을 벌였다. 당연히 토론 자체는 서울대학교 학생회장 출신인 김민석 후보가 이명박 후보를 압도했다. 그러나 선거 결과는? 이명박 후보가 압승했다.

그렇다면 김민석 후보는 말의 전쟁에서 이겨 놓고 선거에서는 진 것일까? 천만의 말씀이다. 우리가 논쟁을 벌이는 궁극적인 이유는 좋은 결과를 얻기 위해서이다. 결코 폼을 잡거나 말을 잘한다는 칭찬을 받기 위해서가 아니다. 김민석 후보는 청산유수 같은 언변으로 이명박 후보를 공격했지만, 지켜보는 사람들은 한참 어린 사람이 어른한테 예의 없게 군다는 반응을 보였다. 김민석 후보는 구도 자체가 만들어 낸 올가미에서 벗어나지 못했고, 그 구도를 깨는 것이 무엇보다 중요하다는 사실을 아예 깨닫지도 못했다.

흔히들 이명박 전 대통령이 토론에 약하고 말을 잘 못한다고 평가하는데, 실전에서는 절대 그렇지 않다. 2007년 대통령 선거 후보자 토론에서도 그 면모가 잘 드러났다. 당시 이명박 후보는 말 그대로 대세론 그 자체였다. 당연히 토론에 나설 때마다 다른 후보자들에게 집중적인 공격을 받았다. 하지만 이명박 후보는 일일이 대응하는 대신 단 한마디를 간간히 던지는 것으로 집중 포화를 피해 갔다.

이명박 : "이거 뭐, 000 후보는 토론하러 나온 게 아니라 싸우러 나온 거 같습니다. 허허"

이런 발언은 토론이나 논쟁을 할 때 상대방의 공격에 대한 최적의 대처법 가운데 하나이다. 이명박 전 대통령이야말로 참으로 노련한 파이터이다.

이론적으로 토론의 목적은 서로의 의견을 나누고 합리적인 대안을 사이좋게 도출하는 것이다. 실제로 토론이 그렇게 예의바르게 진행되는 경우는 열에 하나도 되지 않지만, 어쨌든 우리는, 겉으로나마 이와 같은 토론 본연의 목적을 존중한다. 그리고 바로 이 지점에서 싸움꾼 올가미의 전술적 가치가 만들어진다. 토론은 싸움이 아니라는 공통된 인식이 있기에 상대방이 온갖 열성을 다해 흠잡을 데 없는 논리와 논거로 공격해 올 때, "토론은 싸우기 위한 것이 아니다"라는 말 한마디로 상대방에게 싸움꾼 올가미를 뒤집어씌울 수 있는 것이다.

이명박 후보가 구사한 것이 바로 이 전술이다. 물론 그의 머릿속에는 올가미 전술이라는 단어로 개념화되어 있지는 않았겠지만, 본능적으로 이 싸움꾼 올가미의 패턴을 노린 것이다. 우리나라 사람들은 보편적으로 싸움을 싫어하고 좋은 게 좋은 거라는 식의 사고방식을 가지고 있다는 점을 고려하면, 이 싸움꾼 올가미의 위력은 생각 이상으로 꽤 강력하다. 특히 직장이나 조직 내에서 그 위력은 배가된다.

싸움꾼 올가미는 조직 생활에서 특히 두드러지게 나타난다. 사람들은 대체로 문제가 발생하면 그 문제가 내포하고 있는 위험성이나 자신이 간과했던 과오들을 덮어둔 채 문제를 제기한 사람을 '싸움꾼', '트러블 메이커'로 몰아가려는 경향이 있다. 결국 정당하게 문제를 제기한 사람은 조직에서 불협화음을 일으키는 사람이라는 억울한 누명 올가미도 동시에 신경 써야 하는 상황에까지 빠질 수 있다. 그만큼 싸움꾼 올가미에 한 번 갇히면 벗어나기 힘들다는 사실을 알 수 있다.

어떻게 보면 몹시 야비해 보이는 전술일 수 있다. 그런데 현실에서는 그다지 야비하게 보이지 않는다는 데 이 전술의 정수가 숨어 있다. 특히 직장 생활을 할 때 가장 조심해야 할 공격 유형 중 하나이다. 상대가 유난히 '둥글둥글'이나 '융통성' 같은 단어를 좋아한다면 일단 조심하자.

....무뢰한 올가미

한국 사람이 또 중요하게 생각하는 게 예의이다. 따라서 '무뢰한 올가미'는 선배가 후배에게, 연장자가 손아래 사람에게, 상사가 부하직원에게 쓰면 강한 힘을 발휘한다. 그 힘이 어느 정도인가 하면, 한국 사회에서는 말의 내용이나 진위, 정의, 진정 누가 옳은가 하는 더 중요한 가치들을 모두 덮어 버릴 정도로 막강하다. 이 올가미는 상하 관계에서 가장 강력하게 작동하지만, 전혀 남모르는 사이에서도 얼마든지 활용할 수 있다.

많은 심리학 책들을 보다 보면 말의 내용보다 비주얼이나 태도가 더 중요하다는 이야기를 자주 보게 된다. 물론 전적으로 동의하진 않는다. 예를 들어, 아무리 멋진 복장과 밝은 미소를 하고 있더라도 그의 입에서 쌍욕이 튀어나온다면 과연 좋은 이미지를 줄 수 있을까? 당연히 그렇지 않을 것이다. 그럼에도 불구하고 현실에서는 상황에 따라서 그럴 수도 있다.

　실제로 말은 논리적으로 흠 잡을 것 없이 완벽한데도 불구하고 태도 때문에 말의 내용을 상대적으로 무시당하는 사람을 주변에서 흔히 볼 수 있다. 정치인 중에는 유시민 전 의원이 대표적이다. 지금은 정치에서 은퇴했지만, 본인도 이 점을 잘 알고 있어서 한창 정치를 하는 중에는 태도를 조심하는 모양새를 취하기도 했다. 하지만 그는 결국 그 이미지를 뛰어넘지 못했다. 한 번 고착된 이미지를 바꾼다는 게 얼마나 어려운지를 몸소 증명해 준 사례이다.

　만일 당신이 나이나 직급이 어린 사람을 상대하게 된다면, 유시민 전 의원에게 그의 라이벌들이 한 것처럼 건방지고 예의가 없다는 이미지를 최대한 덧씌우면 싸움이 한결 수월해질 것이다.

　반대로 당신이 나이나 직급이 어리다면, 언젠가 반드시 이 올가미 공격을 받게 될 것이라 생각하고 대비책을 마련해 두어야 한다. 연장자들이 이처럼 편하고 효과 만점인 전략을 쓰지 않을 리 없기 때문이다. 쉬운 일은 아니지만 어쩔 수 없다. 원래 나이 많고 지위가 높은 사람과 대결하려면 10배, 100배 더 불리한 상황을 감수할 수밖에 없다. 오히려 어려운 투쟁을 해 내고 있다는 자긍심을 가지고 여유 있게 대처하자.

　무뢰한 올가미를 씌우는 방법은 크게 두 가지가 있다. 바로 대놓고 이야기하는 방법과 뒷담화를 이용하는 방법이다.

지금도 우리 주위의 수많은 선배나 상사 들은 자신들의 오류를 드러낼 수 있는 잠재적 위험 요소가 있는 후배나 부하 들을 상대로 올가미의 씨앗을 뿌려 두고 있다. 여기저기 그들에 관한 뒷담화를 미리 충분히 해 놓거나, 논쟁이 벌어질 때마다 사안의 옳고 그름과는 상관없이 무조건 나이가 많고 직급이 높은 쪽을 옹호해 주는 것이다. 높은 자리에 있는 사람일수록 무작정 상대적으로 조금이라도 위에 있는 사람의 편을 일일이 들어줌으로써 나중에 자신에게 닥칠지도 모를 위험에 대해 미리 안전장치를 만들어 놓고는 한다. 논쟁을 벌인다고 하면 얼굴을 맞대고 치열하게 공방하는 장면만을 떠올리기 쉬운데, 원래 결정적인 싸움은 눈앞에서보다 등 뒤에 있는 훨씬 크고 넓은 세계에서 벌어진다는 사실을 잊지 말자.

상대방을 말로써 논파해 승리를 움켜쥘 때의 쾌감은 누구나가 느끼고 싶어 하는 것이다. 하지만 착각이다. 냉정해져야 한다. 그 욕망에서 완전히 벗어나야 하는 것이 가장 먼저 할 일이다. 상대방을 논파하는 것이 아니라 나의 상황과 성과를 실질적으로 더 나아지게 개선하는 것이 가장 첫 번째 목적이어야 한다. 그럼에도 겉멋만 잔뜩 든 잘난 말싸움꾼들은 주객을 전도시켜 버리고 만다. 그리고 결국 타인에게 불필요한 미움을 산다.

이유야 어찌 됐든 한국 사회에서 '예의/싸가지 없다'는 올가미를 쓰면 장기전에서 절대 이길 수 없다. 우리는 크고 작은 싸움을 하나 둘 겪으며 전쟁을 치른다. 윗사람은 큰 싸움에 대비해 아랫사람에 대해 미리 예의 없는 놈이라는 올가미의 씨앗을 뿌려 놓는 것처럼, 아랫사람도 결정적인 순간에 그 올가미에서 벗어날 수 있도록 평소에 순박하고 예의 바른 처신을 할 필요가 있다.

그렇다면 이 무뢰한 올가미는 어떻게 벗어날 수 있을까? 일단 나에게 예의 운운할 위치에 있는 사람과 논쟁을 벌일 때는 최대한 중후한 태도를 취하는 게 좋다. 목소리도 묵직하게 내고, 태도도 묵직하게 취한다. 그리고 반드시 명심할 것은 공격하고자 하는 내용을 맨 앞에 내세워서는 안 된다는 점이다.

나는 면접에 대해 강의할 때마다 두괄식으로 이야기하라고 하지만, 손윗사람과 논쟁할 때는 절대 그래서는 안 된다. 무엇보다 무뢰한 올가미를 무마할 수 있는 표현을 반드시 깔고 시작해야 한다. 아래와 같은 방법을 생각해 볼 수 있다.

> 첫째, 처음에는 상대방의 안 중 일부를 긍정하면서 시작하는 방법
> 둘째, 상대방의 말을 따라 했다가 큰 경을 쳤던 과거 사례를 환기시키면서 시작하는 방법

예의는 단순하다. 상대방에게 좋은 말을 해 주는 게 예의다. 좋은 말이란 다름 아닌 칭찬이다. 상대방을 칭찬해 주거나 상대의 의

도를 긍정해 주는 모습을 보이는 건 갤러리들에게 당신이 예의바른 사람이란 인상을 주는 가장 좋은 방법이다. 따라서 나중에 치열하게 싸울 때는 싸우더라도 처음에는 상대방을 적절히 치켜세우는 모습을 보이면 좋다.

특히 토론회 같은 일회성 이벤트가 아니라 조직 내에서 끊임없이 싸워 나가는 입장이라면 평소에 주변 사람들을 많이 칭찬해 주는 것도 하나의 방법이다. 물론 아무나 무작정 칭찬하고 다니라는 뜻은 아니다. 인격적으로 나를 감명시켰거나 내게 도움이나 친절을 베푼 사람에 대해 많이 칭찬하고 다니라는 것이다. 그러면 예의 좋은 사람이라는 인상을 미리미리 널리 퍼뜨려 놓을 수 있다.

....부정주의자 올가미

진실을 왜곡시키는 잘못된 개념들이 더러 있는데, 한국 사회에서 널리 퍼져 있는 '긍정적 사고에 대한 강박'도 그중 하나이다.

긍정적으로 사고하는 사람＝좋은 사람
부정적으로 사고하는 사람＝나쁜 사람

이 강박적 개념은 많은 논쟁에서 자신을 보호하는 데 자주 활용된다. 대표적으로는 기업의 관리자나 임원을 들 수 있다. 그들은 자신이 야심차게 발표한 프로젝트나 조직 관리 방식에 대해 누군가 문제점을 지적하면 이렇게 말한다.

"당신은 왜 이렇게 부정적이에요?"

반면, 자신의 제안에 대해 찬성하는 사람에게는 이렇게 이야기한다.

"바로 그거예요! OOO씨 같은 긍정적 사고를 가진 사람이 우리에겐 필요합니다. 우리 모두 부정의 프레임을 긍정의 프레임으로 전환합시다. 부정의 프레임 따위는 걷어 버리고 다들 힘을 모아 봅시다!"

이것도 논쟁의 한 장면이다. 누누이 이야기하지만 눈을 표독스럽게 뜨고 언쟁을 벌이는 것만이 논쟁이 아니다. 우리는 늘 말로 싸우고 말로 장난치고 말로 진실을 만들며 살고 있다. 그리고 누구나 그 와중에 조금이라도 자신에게 유리한 상황을 만들려고 애를 쓴다. 손해를 보거나 당하지 않으려면 항상 이 점을 염두에 두고 그에 대한 대비책을 숙지해 두고 있어야 한다.

"당신은 왜 매사가 부정적이에요?"

당신에게 부정적인 인간이라는 탈을 씌워 자신을 보호하려는 사람들은 위와 같은 식으로 말할 게 뻔하다. 여기서 중요한 건 바로 '매사'라는 단어이다. 나는 비판을 한 번 했을 뿐인데, 상대방은 마치 내가 무작정 계속 비판만 하는 사람인 양 뉘앙스를 만들어 내고 있다. 당신을 적대하는 사람은 반드시 당신의 비판을 그렇게 왜곡하려 들 것이다. 이런 상황이 발생하면 반드시 왜곡을 바로잡는 메시지를 던져 두어야 한다.

1. "나는 이 건에 대해서 비판적 의견을 제시하는 것입니다."
2. "나를 왜곡시켜서 그런 사람으로 몰아가지 마세요."
3. "나는 다른 건에 대해서는 칭찬과 긍정도 많이 한 사람입니다."

이중에서 특히 3번이 중요한데, 사례를 덧붙여 주면 더욱 좋다. 예를 들면,

"지난번 김 팀장님의 마케팅 안에 대해서는 아주 좋다고 생각했고, 그래서 잘 따라왔습니다. 하지만 이번 안은 김 팀장님 안과 달리 여러모로 문제가 많다고 생각합니다."

이처럼 자신이 전에 긍정적 입장에 섰던 사례를 한 번 언급해 줌으로써 내가 절대 부정적 입장만 내세우는 사람이 아니라는 사실을 확실하게 밝혀 두어야 한다.

부정주의자 올가미를 피하는 두 번째 방법은 상대방에게 책임을 전가시키는 것이다. 기본 개념은 이렇다.

내가 매사에 부정적이라고 말하는 것은 냉정하게 말해 당신 얼굴에 침 뱉는 것이다.

⇓

아무리 부정적인 사람이라도 허점이 없으면 흠을 잡을 수 없다. 그러니 내가 부정적인 것은 당신 일에 허점이 있기 때문이다.

⇓

또한 아무리 긍정적인 사람이라도 문제가 보이면 이야기하지 않을 수 없다. 그러니 내가 이렇게 부정적인 것은 바로 당신 때문이다.

⇓

결코 내 탓이 아니다.

긍정 심리학을 어설프게 받아들인 탓이 크지만, 긍정이라고 꼭 좋은 게 아니고 부정이라고 꼭 나쁜 게 아니다. 분명하게 보이는 폐해에 대해 "좋은 게 좋은 거지"라면서 긍정이라는 미명 하에 현상

유지만을 강요한다면, 그것은 발전과 개선이라는 진정한 긍정의 싹을 잘라 버리는 진정한 부정이 되고 만다. 반면 잘못된 현실을 부정하면, 개선이라는 진정한 긍정을 향한 방향성과 추진력을 얻을 수 있다. 알고 보면 긍정이 부정이고, 부정이 긍정이다.

그런데도 건전한 비판을 하는 사람을 부정적 사고자로 몰아가는 사람의 유형은 두 가지이다. 몹시 무식한 사람이거나 의도적으로 자신에게 유리한 상황을 만들기 위해 긍정이라는 개념을 악용하는 사람이다. 우리는 이들을 각별히 조심해야 한다. 특히 조직 생활을 할 때, 긍정적인 사고를 해야 한다고 유난히 강조하는 사람일수록 유의할 필요가 있다. 긍정적인 사고방식이 분명 '모든 사안에 대해 눈을 감아라'는 의미가 아닌데도 자신의 책임으로부터 빠져나가려고 악용하는 사람일 수 있다.

물론 우리 스스로도 평소 언행에 주의해야 한다. 언젠가 불시에 큰 논쟁이 벌어졌을 때 내 말의 힘을 극대화하기 위해서는 가급적 부정적인 표현을 삼가는 게 좋다. 직접 나의 실익에 영향을 미치는 게 아니라면, 설사 비리 정치인, 스캔들 연예인 등 온 국민의 지탄이 된 대상이라도 잠재적 적들 앞에서는 비난하지 않는 것이 좋다. 저 사람은 좀체 비난하지 않는 사람이라는 인상을 주위에 심어 주어야 나중에 싸움이 벌어졌을 때 조금이라도 더 큰 힘을 얻을 수 있다.

그렇다면 이제 기득권을 쥐고 있는 사람이 긍정주의를 내세우면 어떻게 대처해야 하는지 알아보자.

기득권을 쥐고 있는 사람 입장에서는 상대의 비판을 무력화하는 데 긍정주의만큼 좋은 도구가 없기 때문에 절대 쉽게 놓지 않을 것이다. 혹은 기득권자가 아니라도 어떻게든 기득권층에 편입하려고 하는 사람 역시 긍정주의에 대한 맹신을 버리지 않을 것이다. 그만큼 긍정주의의 벽은 견고해서 무심코 있다가는 번번이 당할 수밖에 없다.

우선은 나의 문제 제기가 비판이라는 개념으로 연결되는 것을 확실하게 차단한다. 즉, '내가 하는 말 ≠ 비판'이라는 사실을 처음부터 분명하게 밝혀 두는 것이다.

"나는 지금 비판을 하기 위해서 문제를 제기하는 하는 게 아닙니다. 이 일을 더 잘하기 위한 제언입니다."

"나의 문제 제기를 불평이나 비판으로 몰아가는 건 이치에 맞지 않습니다. 이건 비판이 아닙니다."

물론 그렇다고 해서 상대가 순순히 올가미를 철회하지는 않을 것이다.

"그게 비판이 아니면, 그럼 칭찬인가요?"

상대는 이렇게 당신을 비판을 일삼는 부정적 사고자의 테두리 안에 가두려 할 것이다. 이럴 때 쓸 수 있는 변형 화법이 있다.

"그래요, 어쨌든 칭찬은 아니니 비판이라고 합시다. 그렇지만 비판이 내 말의 근본 목적은 아닙니다. 그것만은 분명합니다."

내 말이 비판의 형식을 띤 것은 부정할 수 없지만, 비판하는 것 자체가 목적이 아니라는 사실을 다시 확인시켜 준다. 그리고 한 발 더 나아가 '당신이 더 잘되길 바라는 마음'이 담겨 있다는 느낌을 심어 준다. 이는 정치 평론가들이 특정 정치인을 비판하면서 자주 하는 화법이다.

"결코 후보님 망하라고 드리는 말씀이 아닙니다. 이게 다 더 잘하시라고 드리는 말씀입니다."

직장에서 상사가 부하에게 실컷 히스테리를 부려 놓고 "이게 다 김 대리 잘되라고 하는 거야" 하는 말도 마찬가지이다. 물론 정말 잘되라고 한 말일 수도 있다. 하지만 예수도 기도는 골방에서 하라고 하지 않았는가? 진정으로 상대를 위하는 마음이 있었다면 제3자가 없는 조용한 곳에서 이야기해 줬을 것이다. 남들 다 보는 앞에서 망신을 줘 놓고 "당신을 위해서"라고 말하는 건 어불성설이다.

그러니 "당신을 위해서"라는 말은 속보이는 말임에 틀림없다. 그렇더라도 상대의 '비판 공격'을 차단해야 하는 입장에서는 꽤 괜찮은 방법이다. 물론 그런다고 해서 상대방이 갑자기 너그러워지지는 않을 것이다. 하지만 논쟁은 결국 갤러리들의 마음을 사로잡는 게임이다. 내가 그들에게 인정사정없는 싸움꾼 이미지로 보이지 않는 게 중요하다.

....역으로 올가미 씌우기

이제 좀 더 적극적인 올가미 탈출 방법을 보자. 지금까지 수많은 논쟁 사례를 분석해 왔는데, 그중에서도 다음이 가장 인상적인 발언이었다.

> A : "당신은 어떻게 그렇게 비판만 하죠?"
> B : "내 의견이 비판이라고요? 천만의 말씀이다. 그러는 당신 역시 내 의견이 비판이라고 비판하고 있는 게 아닌가요?"

B의 발언은 비판을 일삼는 부정적 사고자라는 올가미를 씌우려는 사람들에 대한 가장 적절한 대응이다. 비판을 비판하는 것도 비판이다. 사실 긍정적 사고를 요구하는 것은 아무런 실체가 없다. 그 속내는 그저 '내 뜻에 따라라!'일 뿐이다.

상대방이 올가미를 씌우면 반사적으로 그 올가미에서 벗어나야 한다고 생각하기 마련이다. 하지만 이는 하수의 방법이다. 고수는 위의 예처럼 상대방에게 역으로 올가미를 씌운다. 공격이 최선의 방어이며, 승리로 가는 지름길이다.

사실 어떤 사람의 말에 대해 비판적이라고 몰아붙이는 건 논리적 모순이다. 그 역시 상대 의견에 대해 비판하고 있는 것이기 때문이다. 이 세상에는 완벽한 긍정도, 완벽한 부정도 없다. 칭찬이나 비판도 마찬가지이다. A에 대한 칭찬은 A의 역에 대한 비판이 된다. 반면 A에 대한 비판은 A의 역에 대한 찬성이 된다. 이 개념을 상대방에게 간결하게 전달할 수만 있다면 내가 아니라 상대의 의견을 부정과 불평과 비판의 카테고리로 몰아 버릴 수가 있다.

명심하자. 누군가 당신에게 올가미를 씌우려 한다면,

1. 상대가 올가미를 씌우려 한다는 사실을 인지할 수 있어야 하고,
2. 그 올가미가 어떤 유형인지 구분할 수 있어야 하며,
3. 상대의 올가미에서 빠져나오려고 궁리하는 대신,

3-1. 상대가 내게 씌우려 한 올가미를 그대로 상대에게 씌우거나.

3-2. 화제를 바꿔 버릴 만한 새로운 올가미를 씌워야 한다.

　이때 가장 좋은 방법은 3-1이다. 위의 사례처럼 나를 비판자로 몰아붙이려는 사람에게 "당신도 마찬가지로 비판자이다"라고 몰아붙이는 것이다. 하지만 이 방법은 상황에 따라 상당한 고민이 필요한 만큼 사용하기가 쉽지 않다. 따라서 일반적으로는 3-2의 방법이 간편하다. 이것을 간단하게 '카운터 올가미'라고 부를 수 있다.

　'비판자 올가미'에 대항하는 카운터 올가미는 '귀가 꽉 막힌 사람 올가미'가 있다. 특히 역사적으로 유명한 사례를 이용하면 좋다.

A : "당신은 왜 그렇게 불평불만이 많아요?"

B : "남의 이야기를 무조건 불평불만으로 몰아가지 마세요. 남 이야기를 잘 듣지 않으려고 귀를 틀어막는 건 좋지 않습니다. 원래 사회와 조직을 위하는 진짜 충신은 귀에 거슬리는 이야기를 많이 합니다. 소크라테스나 예수도 그랬습니다. 부디 건전한 제안을 무조건 불평불만 취급하는 빌라도가 되지 마십시오."

　소크라테스, 예수, 공자 등 인류 문명을 빛낸 성인들도 당대에는 불평불만자 취급을 받았다. 제안이나 비판을 무조건 불평불만으로 깎아내리는 사람은 빌라도와 다를 바가 없다. 비대칭 권력 관계에서 벌어지는 논쟁이라 구구절절 설명할 수 없는 상황이겠지만, 전체적으로 이런 논리로 가면 된다. 특히 빌라도라는 고유 명사를 활용하면 임팩트를 강화할 수 있다.

유명한 역사적 사실이나 고사, 인물 등을 활용하면 무엇보다 주위 구경꾼들을 설득하는 데도 효과적이기 때문에 평소 교양 지식을 풍부하게 쌓아 놓는 게 좋다. 실제로 역사에는 논쟁의 근거로 가져다 쓸 사례들이 무궁무진하다.

'삼국지에 등장하는 유선은 제갈량의 고언을 거부하고 간신 황호의 좋은 말만 듣다가 나라를 말아 먹었다.'

→ 원래 충신은 비판을 많이 한다.
→ 나는 제갈량처럼 좋은 의도로 말한 것이다.
→ 나＝제갈량

위 사례에서 보면 은근슬쩍 자신을 제갈량과 동일화함으로써 주장의 권위를 세웠다. 역사를 뒤져 보면 이와 유사한 사례는 무수하게 찾을 수 있다. 누군가를 비판할 일이 있다면 본격적으로 날선 공격을 하기 이전에 이런 고사를 하나쯤 읊어 놓으면 내게 쏟아질 부정적 이미지 공격을 어느 정도 경감시킬 수 있다.

내 편을 늘리거나
상대를 끌어들이거나

물귀신 전술

....내 편을 늘리고 상대편을 줄여라

올가미 전술만큼이나 일상생활에서 흔히 볼 수 있는 논쟁법이 물귀신 전술이다. 상대방이 내게 부정적 이미지를 씌우려 할 때 상대방이나 제3자를 끌어들여 역으로 반격하는 방법이다. 물론 처음부터 공격의 수단으로 구사하는 경우도 많다. 물귀신 전술에는 두 가지 패턴이 있다.

1. 공격 대상인 상대방을 끌어들이는 경우
2. 제3자를 끌어들이는 경우

이중에서 먼저 다른 사람, 즉 제3자를 끌어들이는 물귀신 전술을 살펴보자. 일단, 예를 보자.

A : "이렇게 증빙 자료도 제대로 제출하지 않은 기업에 지원금을 허락해 주는 것은 옳지 않습니다."

B : "늘 그렇게 해 왔으니, 김 대리도 따르면 돼요."

A : "그러면 나중에 큰 문제가 생길 수도 있습니다. 안 하는 게 맞습니다."

B : "이봐, 김 대리. 그럼 선배들이 다 잘못되었다는 거예요? 과장님, 부장님 다 틀려먹었다는 말이에요?"

모든 싸움은 수 싸움이다. 내 편의 수가 라이벌보다 많아지면 이기고 적어지면 진다. 논쟁에서도 원리는 같다. 상대가 나만을 공격하는 게 아니라 다른 사람들까지도 함께 공격하는 것으로 구도를 짜면 전세를 유리하게 끌고 갈 수 있다. 그렇게 되면 뜬금없이 공격을 받았다고 생각한 제3자가 나의 편이 되어 1:2, 1:3이 되기 때문이다.

따라서 논쟁을 할 때는 어떻게든 내 편을 늘리는 쪽으로 말을 해야 한다는 사실을 염두에 두어야 한다. 그렇다고 아무나 끌어들여서는 안 된다. 여기에도 몇 가지 원칙이 있다. 특히 아래와 같은 사람들을 끌어들이면 좋다.

1. 모두가 인정하는 선량하고 인망이 있는 사람
2. 과장, 부장, 상무 등 권력을 가진 사람
3. 성인, 부모님, 배우자 등 절대 건드릴 수 없는 위치에 있는 사람

기본 원리는 간단하다. 혹시 위 세 가지 부류의 사람들 중에 상대방이 나를 공격한 논거나 논리를 적용할 만한 사람이 없는지를 찾아서 그를 나와 같은 팀으로 엮는 것이다. 그러고 나서 말한다.

"지금 '우리'를 비방하는 거예요?"

상대방은 원래 나를 비판한 것인데, 졸지에 아무 상관없는 사람까지 비판한 셈이 되었다. 물론 이건 한눈에 보기에도 아주 정당하지 못한 방법이다. 하지만 현실이 그렇다. 우리는 주변에서 이런 예를 숱하게 목격할 수 있다. 인터넷에서도 흔하게 볼 수 있는 대화 수준이 딱 이렇다.

A : "한국 여자들이 결혼을 대하는 사고방식에 문제가 너무 많습니다. 경제적 조건을 최우선으로 따지는 건 지나치게 속물적입니다."

B : "당신 어머니도 여자예요. 그럼 당신 어머니도 속물이라는 이야기인 가요?"

참 유치한 화법인 것만은 확실하다. 이런 식의 논리로는 당장 처한 위기를 넘길 수 있을지는 몰라도 상대를 설득시킬 가능성은 거의 없다고 보아도 무방하다. 다만, 아무리 유치해 보여도 이 화법이 가지고 있는 기본 패턴은 눈여겨 볼 필요가 있다. 바로 내 편을 늘리고 상대편을 줄인다는 것이다.

만약 상대가 제3자 물귀신 전술로 나온다고 판단되면 단도직입적으로 그런 유치한 짓은 하지 말라고 경고해 두는 게 최선의 대책이다.

B : "이봐, 김 대리. 그럼 선배들이 다 잘못되었다는 거예요? 과장님, 부장님 다 틀려먹었다는 말이에요?"

A : "저는 과장님이나 부장님 얘기를 한 적이 한 번도 없는데 왜 그분들을 끌어들이는지 모르겠습니다. 저는 오로지 선배님께 말씀을 드리는 거예요. 다른 분을 끌어들여서 주제를 모호하게 만들지 말고, 이 프로젝트에 대해서만 얘기하기로 해요."

앞에서도 이야기했지만, 논쟁에서 가장 중요한 것은 상대방의 주장을 최대한 확장시켜서 해석하는 것이다. 반대로 내 주장이 지칭하는 범위를 상대방이 멋대로 확대 해석하게 내버려 두어서는 안 되며, 그런 조짐이 보이면 곧바로 그것이 유치하고 치사한 화법이라는 메시지를 주위 갤러리들에게 분명하게 전달해야 한다.

> B : "당신 어머니도 여자예요. 그럼 당신 어머니도 속물이라는 이야기인가요?"
> A : "그런 유치한 말장난은 하지 마세요. 저는 제 가족사가 아니라 우리 사회 전반에 퍼져 있는 현상에 대해 말하고 있습니다."

여기서 기억해 두면 좋은 단어는 '유치한'이다. 실제로 물귀신 전술은,

1. 치사하다
2. 유치하다
3. 거짓이다

이 세 가지 이미지를 갤러리들에게 효과적으로 심어 줄 때 성공적으로 막아 낼 수 있다.

....너도 마찬가지!

제3자를 끌어들이는 대신에 상대방을 직접 끌어들일 수도 있다. 어쩌면 이 방법이 조금은 덜 유치해 보일 수 있을 것이다. 예를 들어 보자.

A : "한국인의 과도한 경쟁의식은 문제입니다."
B : "그러는 당신은 왜 입시 공부를 했나요?"

A : "한국의 사교육이 정말 문제입니다."
B : "그러는 당신은 사교육 안 받고 진학했나요?"

A : "노동조합원을 배신하면서까지 출세하고 싶습니까?"
B : "그러는 당신은 출세하기 싫은가요? 당신도 똑같지 않나요?"

당신이 얼토당토않은 논리로 내 주장을 비판하지만 당신 역시 그 논리에서 벗어나 있지 못하다고 이야기하면서 상대 논리를 격파하는 방법이다. '너도 마찬가지이다'라는 화법은 특히 일상적인 말싸움에서 아주 강력한 효과를 발휘한다.

그도 그럴 것이 우리가 무엇에 대해 비판을 가한다고 했을 때 그 비판은 주로 '이기적이다', '정의롭지 못하다', '욕심이 과하다', '지저분하다' 같은 의미를 담기 쉬운데, 그 누구도 그런 지적으로부터 완벽하게 자유로운 사람은 없기 때문이다. 단적으로 다음 예만 봐도 이 화법이 얼마나 우리 주변에 널려 있는지 확인할 수 있다.

"뭐? 내가 부하 직원을 너무 괴롭힌다고? 자네도 내 자리에 올라와 보게. 자네 역시 아랫사람 볶으면서 살 수밖에 없을 걸세. 직장생활이란 게 다 그런 거라네."

직장 상사들이 부하 직원 괴롭히면서 가장 자주 늘어놓는 변명이다. '나중에 내 자리 올라오면 똑같아진다'는 건데, 바로 전형적인 물귀신 화법이다.

A : "당신은 그게 잘못이에요."
B : "당신도 나와 같은 처지(상황)에 놓이면 이럴 수밖에 없을 거예요."

B는 A의 비판에 대해 '너=나'로 은근슬쩍 동일화해 버린다. '상황'이라는 변수를 끌어들여서 꿰어 맞춘 것이다.

하지만 "너도 부장이 되어 봐라" 같은 말은 실제에서 너무나도 자주 쓰이지만, 논리적인 면에서는 전혀 설득력을 갖지 못하는 화법이다. 언제 부장이 될지도 모르고 혹은 그런 날이 올지 알 수도 없는데, 가상으로 설정한 상황을 논거로 삼고 있기 때문이다.

이와 비슷하게 흔히들 하는 말 중에 "너도 내 나이 되어 봐라"가 있다. 이 또한 얼마나 설득력이 없는 말인지 우리는 경험적으로 안다. 아무리 진지하게 말해 봐야 상대에게는 쇠귀에 경 읽기일 뿐이다. 그런데 이게 젊은이의 잘못인가? 아니다. 겪어 보지 않은 상황을 공감할 수는 없다.

대화의 기본은 상대방과 공유할 수 있는 논거를 가지고 이야기하는 것이다. 그렇지 못하면 그건 커뮤니케이션이 아니라 일방적인 감정 발산에 불과하다. 위의 사례에서처럼, 상대방이 '너도 내 상황이 되면 똑같을 것'이라는 상황 물귀신 작전으로 나온다면, 다음과 같은 논리로 대응할 수 있다.

"그 상황은 겪어 보지 않았으니 알 수 없는 건 당연하죠. 그렇다고 해서 무조건 입을 다물고 있어야 하는 건 아닙니다."

"대통령을 안 해 본 사람은 대통령을 비판하면 안 되나요? 국회의원을 안 해 본 사람은 국회에 대해 비판할 수 없나요?"

"모든 조직은 소수의 리더와 다수의 평범한 사람들로 구성되어 있습니다. 리더에게는 한 번도 리더가 되어 본 적이 없는 평범한 사람들을 합리적인 논리로 잘 설득해 이끌어 가야 하는 책임이 있습니다. 그 책임을 특권으로 인식해 오용하면 안 됩니다."

이상의 내용을 패턴으로 정리해 보면 다음과 같다.

1. 논거는 사실을 근거로 해야 한다. 있을지도 모를 가상의 상황은 '소설'에 불과하니 논거로 삼으면 안 된다.
2. 조직(사회)은 리더나 리더가 될 사람만이 아니라 평범한 사람들까지도 합리적으로 아우를 수 있어야 한다.
3. 리더가 되어 본 적이 없는 사람은 비판할 권리가 없다면 국민 그 누구도 정치인에 대해 비판하면 안 될 것이다.

특히 3번을 주목하자. 비판을 정당화할 때 '정치인'만큼 유용한 단어는 없다. 현실 세계에서 정치인이 가진 힘은 어마어마하지만, 일반인의 일상 대화에서 정치인은 일종의 동네북처럼 인식된다. 따라서 누군가 '비판'이라는 단어 자체가 한국 사회에서 가지는 부정적 이미지를 무기 삼아 당신의 건전한 의견 개진을 묵살하려 한다면, "그럼 정치인들도 비판하면 안 되는가?" 하는 식의 비유를 사용해 반박할 수 있다.

....인지상정에 호소하기

우리는 누군가 비겁한 행동을 하면 그에 대해 비판을 한다. 이때 비판은 정당하다. 그런데 문제는 사람이라면 누구나 조금씩은 비겁한 욕망을 가지고 있다는 것이다. 인지상정에 호소하는 물귀신 전술은 이 지점에서 자주 구사된다.

> A : "함께 투쟁하던 동료 조합원을 배신하고 사측에 붙어서 출세하니 좋습니까?"
> B : "남이 잘되니까 괜히 샘이 나는 거 같은데, 당신은 출세하고 싶지 않나요?"

사실 따지고 보면 남들보다 잘나고 싶지 않고 출세하고 싶지 않은 사람은 거의 없다. 그러니 "당신은 출세하고 싶지 않나요?"라는 질문을 받고 나면 출세를 위해 온갖 수단을 동원하는 사람들을 비판하기가 애매해진다.

여기서 중요한 점은 당연히 이런 질문은 '예/아니오'로 대답할 성질의 것이 아니라는 점을 인식하는 것이다. 이런 공격적 질문에 대한 답은 언제나 단답형 대답 너머에 있다. 특히나 첨예한 논쟁이 벌어지는 와중에 상대방이 이런 종류의 질문을 하면 즉석에서 '예/

아니오'로 대답해서는 안 된다. 대신 이렇게 대답해 준다.

> B : "물론 출세하고 싶지요. 하지만 당신처럼 심하진 않습니다. 그리고 무엇보다 당신처럼 그런 짓은 안 합니다."

출세하기 위해 동료를 배신하고 남들 이간질시키고 뒷담화하고 음모를 꾸미고 하는 사람들이 가장 자주 내세우는 합리화 논리는 "출세하고자 하는 마음은 인지상정이다. 당신도 마찬가지이다"라는 것이다. 이런 사람들에게는 '중요한 건 마음이 아니라 행동'이며, '나는 당신과 같은 행동을 하지 않았으므로 당신과는 다른 사람'이라는 점을 분명하게 말해 주어야 한다. 무엇보다 '마음이 중요하다'는 상대방의 전제를 무의식적으로 받아들이지 않도록 조심해야 한다. 마음은 전혀 중요하지 않다.

모든 질문에는
함정이 숨어 있다

질문 공격

.... 질문이 공격이다

사람은 보통 갑자기 질문을 받으면 반사적으로 대답을 하려고 한다. 마치 누군가 얼굴을 공격하려 하면 손이 본능적으로 얼굴로 올라와 방어하는 것과 비슷하다. 그러나 본능적인 자기 방어 행동이 실제로도 훌륭한 방어로 귀착되는 경우는 거의 없다. 오히려 효과적인 방어는 본능적인 생체적 반응을 억제할 때 제대로 구현된다. 복싱을 생각해 보면 알 수 있다. 상대가 주먹을 내뻗으면 본능적으로 뒤로 물러나기 마련인데, 그러다가는 더 얻어맞기 마련이다. 본능을 거슬러 앞으로 나아가야 덜 얻어맞는다.

논쟁도 마찬가지이다. 상대가 내게 질문을 던지는 이유는 오로지 나를 궁지로 몰아 함정에 빠뜨리기 위해서이다. 따라서 상대의 질문에 곧이곧대로 답변하는 것이야말로 패배로 가는 지름길이다. 곧이곧대로 답변한다는 건 상대의 질문을 문장 그대로 받아들인다는 의미이다. 질문의 의미를 사전적 의미로 받아들이면 절대로 안 된다.

"당신은 출세하고 싶지 않나요?"

이 질문을 문자 그대로 받아들여서 "출세하고 싶다" 혹은 "출세하고 싶지 않다"라고 대답한다면, 어느 쪽이든 그 순간 상황이 꼬이기 시작한다. "출세하고 싶다"라고 답하는 순간, 당신은 자신이 비판하고자 했던 상대방과 같은 사람이 된다. 또 "출세하고 싶지 않다"라고 대답하면 당신은 상대방에 의해 위선자의 탈을 쓰게 된다. 애초 이 질문은 "당신이나 나나 똑같으니 비판하지 마라"라는 얘기를 다른 형태로 표현한 것일 뿐이기 때문이다.

A : "당신은 출세하고 싶지 않나요?"
B : "출세하고 싶습니다."
A : "당신이나 나나 똑같은데, 왜 비판하는 거죠?"

(비판하고자 하는 상대와 똑같은 사람이 되어 비판의 동력을 상실한다.)

A : "당신은 출세하고 싶지 않나요?"

B : "출세하고 싶지 않습니다."

A : "당신이 성인이라도 되나요? 위선 아닌가요?"

(위선자 혹은 거짓말쟁이가 되어 버린다.)

위에서 보듯 상대방이 질문을 해 올 때 무조건 '예/아니오'의 프레임으로 답변하면 안 된다. 긍정을 하든, 부정을 하든, 어느 쪽도 내게 좋은 구도가 펼쳐질 수 없는 질문이기 때문이다. 이게 바로 질문의 함정이다.

우리는 상대방이 "당신, 그러면 나쁜 사람이잖아?"라고 말하면 내게 공격해 오는 것이라는 사실을 바로 감지할 수 있지만, "이거 어떠세요?" 혹은 "이건 해 보셨어요?"라는 질문을 들으면 이게 공격인지 아닌지 감을 잡기 힘들다. 그러나 때로는 직접적인 욕설보다 더 악독한 공격이 될 수 있음을 우리는 알아야 한다.

실제로 교활한 고수들은 상대가 "예"로 하든 "아니오"로 하든 상황이 자신에게 유리하게 전개될 수밖에 없는 질문을 구성해서 공격해 온다. 그들은 질문이야말로 최고의 공격이라는 사실을 잘 알고 있다. 왜냐하면 모든 논쟁에서 최악의 족쇄는 자기가 내뱉은 말이기

쉬운데, 질문하기는 상대방에게 스스로 불리한 말을 내뱉게 만드는 작전이기 때문이다.

지금부터 특히 악독한 질문 공격의 종류와 구사 방법, 그리고 그에 대한 대처법까지 살펴보자.

. . . . 주제 이탈을 노린 질문

A : "지금 무리하게 지출하면 나중에 재정이 악화될 것입니다."
B : "지금 상사한테 반항하는 거예요?"

여기서 A는 B가 던진 질문에 어떤 식으로든 답을 하는 순간 불리한 입장에 처해 버리고 만다. 이러지도 저러지도 못하는 상황에 빠져 버린 것이다. 지금 B는 상황이 자신에게 불리하게 전개될 것 같은 조짐을 보이자 전혀 다른 이슈를 던져서 위기를 모면하려 하는 것이다. 원래 주제는 '프로젝트의 재정 계획'이었는데, 이 질문 하나로 갑자기 주제가 '상사에 대한 후배의 반항'이 되어 버렸다.

이와 같은 공격으로부터 자신을 지키려면 판 자체를 넓게 봐야 한다. B가 새롭게 제기한 '이것이 상사에 대한 반항인가 아닌가'라는 주제에 사로잡히면 안 된다. 예를 들어,

A : "반항이 아니라 건의를 드리는 겁니다."

라고 순순히 대답하면 이미 기세가 한 풀 꺾이는 모양새가 되어 버린다. 잊지 말아야 할 것은 절대로 상대의 공격을 받아 주는 대응을 해서는 안 된다는 점이다. 상대가 어떤 공격을 해 오든 변론을 늘어놓아서는 안 되며, 반드시 그보다 더 강한 공격으로 받아쳐야 한다. 이때 상대의 공격을 격퇴하는 전술의 기본은 상대의 치사한 의도를 적나라하게 드러내는 것이다.

축구 경기를 하다가 한 팀이 갑자기 경기 중단을 선언하면서 "내가 질 것 같으니 이제부터 농구로 붙어 보자"라고 주장하는 황당무계한 경우는 없다. 그러나 인생살이, 특히 일상생활 속 논쟁에서는 이런 말도 안 되는 일들이 흔히 일어난다. 이에 비하면 스포츠 경기는 참으로 아름다울 정도로 공정하다.

논쟁을 할 때 한 가지 주제에 대해서만 공방을 벌이면 편하겠으나, 대부분은 그렇지 않다. 심지어 난다 긴다 하는 논쟁 고수들이 출연하는 TV 토론도 동시에 여러 주제들이 교차하면서 정신없이 진행된다. 순식간에 여러 가지 주제가 부상하면 그중에는 내게 유리한 주제도 있고 불리한 주제도 있다. 상대방도 자기가 많이 알고 있고 유리한 주제를 집중적으로 부각시킬 것이고, 이 상황을 최대한 끌고 가려 할 것이다.

위 사례에서도 보면, B는

1. 프로젝트 비용 계획의 타당성
2. 조직에서 아랫사람이 윗사람에게 대들면 안 된다는 명제

　1번 주제를 자신에게 유리한 2번 주제로 변환할 기회를 호시탐탐 노릴 수밖에 없다. 논쟁에서 벌어지는 이와 같은 주제 전환 공격에 대한 대비를 미리미리 잘 해 놓지 않으면 승패를 떠나 게임이 아주 지저분해지고 만다. 특히 한국 사회에서 연장자는 어떤 주제로 논쟁이 벌어지든지 상관없이 2번 주제의 카드를 하나 더 가질 수가 있다. 포커에서도 상대방보다 패를 한 장 더 가지고 있으면 돈을 잃으려야 잃을 수가 없을 것이다.

　우리는 연장자가 이 추가 카드를 남용한다고 해서 불공정하다고 비난만 하고 있을 수는 없다. 오히려 그에 대한 대비책을 세워 두는 것을 우리의 의무로까지 삼아야 할 것이다. 상대의 불합리한 주장으로부터 우리의 정의를 지키기 위해서는 언제나 상대보다 하나라도 더 많은 카드를 가지고 있어야 한다.

　이와 같은 추가 카드는 나이가 많거나 지위가 높은 것에만 국한되지 않는다. 실제로 여기저기서 흔하게 찾아볼 수 있다. 예를 들면, 사회적으로 통용되는 성역할 고정관념도 하나의 추가 카드로 활

용할 수 있다.

"지금 화났어요? 무슨 남자가 그렇게 소심해요?"

남자는 이럴 때 굉장히 난감해진다. 일단 한 번 속 좁은 사람으로 포장되어 버리면 아무리 온당한 비판이라도 제기하기가 제법 껄끄럽다. 이 그릇된 조롱 역시 그 형식은 바로 주제 전환이다. 애초 '여성부의 역할'이었던 주제가 '상대 남성이 얼마나 소심한가'라는 주제로 순식간에 전환된 것이다. 이처럼 순식간에 주제를 전환하는 수단으로는 주로 질문, 조롱, 위협 등의 수단이 활용된다.

질문을 통한 주제 전환 기법을 자주 구사하기로 유명한 사람은 정치인 홍준표이다. 과거에 그는 기자들에 둘러싸여 난감한 추궁을 받을 때마다 뜬금없이 "식사 했어요?"라는 질문을 반복했다. 그 때문에 '식사 준표'라는 별명을 얻기도 했다. 어떤 주제가 더 파고들어 봐야 내게 득 될 것이 없다고 판단되면 아예 주제를 바꾸는 게 상책이다. 홍준표는 그 수단으로 '식사 했어요?'라는 질문을 활용한 것이다. 물론 당시 상황에서 그것이 최선의 선택이었는지는 알 수 없다. 다만, 어쨌든 논쟁에 있어서 기본적인 '길'은 아는 사람이었다.

....'당신은 이거 모를 걸?'

두 번째 질문 공격은 상대방의 무지를 드러내기 위해 질문을 하는 것이다. 질문 공격의 본질에 가장 충실한 공격이라고 할 수 있다. 가장 유명한 사례로 2010년 서울시장 선거에서 오세훈 후보와 한명숙 후보가 맞붙은 토론회를 들 수 있다.

당시 오세훈 후보는 한명숙 후보에게 "서울시 공무원 수가 얼마나 되는지 아십니까?"라는 질문을 던져 놓고 한명숙 후보가 제대로 답변을 하지 못하자 '그런 것도 제대로 모르고 시장 선거에 나왔느냐'라는 뉘앙스를 강하게 풍겼다.

여기서 정치인 한명숙 후보의 역량을 논할 바는 아니다. 다만, 최소한 말하는 품새는 남한테 싫은 소리를 함부로 못 하는 신사 스타일이었고, 이기기 위한 논쟁을 많이 경험해 보지 못했다는 것은 한눈에도 알 수 있었다.

반면 오세훈 후보는 젊은 나이에도 불구하고 싸움으로서의 논쟁에 능수능란한 면모를 보였다. 그는 초반부터 질문 공격을 구사했다. 이 공격에 한명숙 후보는 적절히 대처하지 못한 채 속수무책으로 당했다. 물론 김민석-이명박 토론에서 보듯 말싸움에서 이긴다고 선거에서도 이기는 건 아니다. 하지만 어쨌든 국지전에서는 상대가 안 되는 싸움이었다.

오세훈 후보가 한명숙 후보에게 던진 질문은 전형적인 '상대의 무지 공격용 질문'이었다. 실전에 들어가기에 앞서 상대가 제대로 대답하지 못할 만한 질문을 최대한 많이 준비하자. 그것은 곧 전장에 나갈 때 총알을 넉넉히 챙겨 가는 것과 같기 때문이다.

이제, 상대의 질문 공격으로부터 나를 방어하는 방법을 알아보자. 물론 내가 잘 모르는 사항에 대해 질문 공격을 해 올 테니, 당연히 쉽지는 않은 일이다. 그렇더라도 방법이 전혀 없는 것은 아니다. 첫 번째 대처법으로는 이런 패턴을 생각해 볼 수 있다.

1단계 : 역질문을 통한 역공
2단계 : 지금 질문은 논쟁 주제와 상관없다는 의미 축소

오세훈 후보가 질문한 사안에 대해 한명숙 후보가 제대로 알지 못했다는 사실도 문제이겠지만, 논쟁의 기술 측면에서 보면 더 큰 문제는 따로 있다. 바로 오세훈 후보의 질문을 액면 그대로 받아들이고 그에 따라 답변도 일차원적이고 수동적일 수밖에 없었다는 점이다.

어차피 모르는 사안에 대한 질문을 받았다면 일단 생각해 볼 수 있는 대처법은 역공이다. 그리고 역공법의 가장 기본적인 전술은 상대가 내게 구사한 공격을 그대로 되돌려 주는 것이다. 예를 들어, 한명숙 후부는 아래처럼 대응했으면 좋았을 것이다.

> **한명숙** : "후보님도 국회의원 하신 적 있죠? 당시 국회 공무원이 몇 명이 있었는지 기억하세요? 공무원 수는 수시로 변하기 마련인데, 현재 공무원 수를 정확하게 기억하지 못했다고 해서 시정을 못할 것이라고 매도하시나요?"

물론 그렇다고 해서 한명숙 후보가 몰려 있던 상황에서 완벽하게 빠져나올 수는 없었겠지만, 오세훈 후보가 던진 질문의 의미를 액면 그대로 받아들여 당한 실제 결과에 비하면 운신의 폭이 훨씬 넓어졌을 것이다.

질문 공격에 대응하는 두 번째 방법은 상대의 의도를 만천하에 드러내는 것이다. 이는 사실 모든 반격의 기본이기도 하다. 질문을 받았다고 해서 절대로 시험문제 풀듯이 직접적인 답변을 생각해선 안 된다. 대신 상대방이 질문한 의도를 드러내는 데 중점을 두어야 한다.

이 원리를 그 누구보다 잘 알고 있는 사람은 의외로 박근혜 대통령이다. 2012년 대통령 선거 후보자 토론에서 이정희 후보의 날 선 공격을 연이어 받은 박근혜 후보는 특유의 느린 어투로,

> **박근혜 :** 대선 후보 토론에 나와서 스무고개 하듯이, '상대방이 이것을 모르면 골탕을 한 번 먹여야지' 하는 식으로 계속 스무고개 하듯이 하는 건….

이라고 답변했다.

특별할 것도 없어 보이지만, 사실 최적의 대처였다. '스무고개'라는 단어를 두 번이나 반복한 것도 좋았다. 원래 연설이나 프레젠테이션에서는 같은 단어를 반복하지 않는 게 원칙이지만, 날선 공방이 오가는 논쟁에서 문법이나 말의 구성 같은 것을 따지고 있을 여유가 없다.

스무고개는 지루하게 물고 늘어진다는 이미지를 가지고 있다. 박근혜 후보는 이 단어를 반복하여 상대가 제기한 화두를 덮어 버리는 효과를 누릴 수 있었다. 흔히 박근혜 대통령이 토론에 서툴다고들 하지만, 정치 활동 초창기에는 어땠는지 모르되, 적어도 이 사례를 보면 꽤 노련한 기술을 구사한다는 사실을 알 수 있다.

지금까지 설명한 두 가지 대비책은 사실 궁여지책일 뿐이다. 가장 이상적인 구도는 상대방이 쉽게 답변하지 못할 만한 질문 공격을 준비해서 내가 먼저 쉴 새 없이 공격하는 것이다. 애초에 일방적인 구도를 잘 짠 가장 대표적인 사례는 역시 오세훈-한명숙 토론이다. 논쟁술을 논할 때 참고할 점이 아주 많은 사례인 만큼, 잠시 후에 좀 더 찬찬히 살펴보겠다.

....부정적 이미지로 몰아가기

"지금 상사한테 반항하는 거예요?"

앞서 주제 전환 공격에서 예로 든 이 질문은 '몰아가기' 효과도 있다. 상사 B는 자신의 프로젝트에 반대하는 부하 직원 A를 상사에게 대드는 반항아 이미지로 몰아가려는 의도를 가지고 있다. 이처럼 부하 직원을 반항아 이미지로 굳혀 놓으면 회사 생활 하기가 편해진다. 부하 직원 A는 사안에 대한 논쟁을 준비하는 것과 아울러 그 이미지로부터 탈피해야 하는 무거운 짐이 추가로 생긴 것이다.

"지금 화났어요? 무슨 남자가 그렇게 소심해요?"

이런 질문도 몰아가기의 일종이다. 논쟁 중인 사안과는 전혀 상관없이 상대 남성을 남자답지 못한 소심한 사람으로 몰아가서 승리를 쟁취하려는 방식이다.

실제로 남성은 이런 유형의 질문 공격을 자주 받는다. 감정적

차원에서 보면, 남성은 상당히 많은 사회적 고정관념의 압박을 받는다. 삐져도 안 되고, 소심해도 안 되고, 새침해도 안 된다. 남자에게 삐졌다고 하는 말은 굉장한 모욕으로 다가온다. 그래서 "삐졌냐?"라는 질문을 받으면, 원래 사안에서 잠시 일탈해서 삐지지 않았다는 새로운 테마를 입증하기 위해 쓸데없는 노력을 할애해야 한다.

위와 같은 몰아가기 질문에 대해서도 예/아니오 중 어느 대답을 해도 빠져나가기가 여의치 않다. 질문에 대한 대답을 하지 말고 상대의 의도를 드러내는 역공을 할 필요가 있다.

…. 기 싸움의 전초전

논쟁에서 협박은 강력한 무기이다. 그리고 협박의 도구로는 질문만 한 게 없다. 실제로 그 어떤 토론을 보아도 협박만큼 자주 등장하는 무기도 드물다. 공중파의 권위 있는 TV 토론 프로그램이라고 다를 게 없다. 눈을 부릅뜨고 고압적인 목소리로 윽박지르면서 상대를 압박하는 패널을 자주 볼 수 있다. 일종의 기 싸움이라 할 수 있다.

일반적으로 논쟁에서 협박용으로 쓰이는 질문들로는 다음과 같은 것들이 있다. 잘 기억해 뒀다가 적절히 써먹으면 유용하다.

"지금 화내는 거예요?"

화를 내는 건 기본적으로 무례이다. 그리고 감정을 주체하지 못한다는 인격적 능력에 대한 저평가로 연결되기도 한다. 누구나 저평가는 당하기 싫어한다. 따라서 감정 조절도 못 한다는 뉘앙스를 강하게 섞어 주면 더 큰 효과를 얻을 수 있다.

"지금 저한테 꼬치꼬치 따지는 거예요?"

단어 하나까지 똑같을 필요는 없다. '따진다'는 뉘앙스만 풍겨 주면 상대는 부담을 가질 수밖에 없다. 한국 사람은 '따진다'는 말에 지극히 부정적인 인상을 가지고 있다. 일상생활을 하면서 올바른 비판인데도 제대로 말을 못하는 경우가 많이 생긴다. 상대가 '따진다'라는 딱지를 붙이면 비판하는 사람은 졸지에 '따지기나 하는 깐깐한 사람'이 되어 버리기 때문이다. 자신이 그런 이미지로 몰릴 수 있다고 느끼는 순간, 화자는 신경을 쓰지 않을 수가 없다.

오세훈 vs 한명숙

여기서 오세훈-한명숙 토론을 다시 한 번 살펴보자. 오세훈 후보는 한명숙 후보에게 숱한 질문을 날렸고, 한명숙은 질문 공격에 속수무책으로 당했다. 질문 공격의 힘을 적나라하게 보여 주는 사례가 아닐까 싶다. 이런 오세훈 후보의 토론을 보면서 '얄밉다'고 평가하는 사람이 많지만, 그 평가는 역으로 그의 논쟁 실력이 상당하다는 반증이기도 하다.

오세훈 : "한 후보님은 교육 복지에 10조를 쓰겠다고 하셨습니다."

한명숙 : "그것은 4년 동안입니다."

오세훈 : "4년 동안입니까? 아, 예산의 50%라고 하지 않으셨습니까?"

한명숙 : "39% 아닙니까, 지금…."

오세훈 : "아, 그럼 1년에 교육과 복지에 2조 5천억씩 쓰겠다는 것이군요?"

한명숙 : "1년에 2조 5천억은 아니고 단계적으로…."

오세훈 : "좋습니다. 그럼 교육청에 넘겨주는 예산 2조 4천억은 뺀 금액이네요?"

한명숙 : "그렇죠."

오세훈 : "그럼 추가로 들어가는 2조 5천억 중에서 연간 얼마를 교육에

쓰고, 얼마를 복지에 쓰겠습니까?"

한명숙 : "지금 제가 통계를 가지고 나오지 않았습니다만, 총…."

오세훈 : "아무리 많이 써야 2조 5천억인데요, 지금 서울시 1년 복지 예산이 얼마인지 아십니까?"

한명숙 : "…."

오세훈 : "1년에 4조입니다. (약간 시간을 두고) 이거 어쩌려고 이러십니까?"

후보 토론회에서 실제로 벌어진 대화를 옮긴 것인데, 보면 알겠지만 오세훈 후보는 줄곧 질문만 하고 한명숙 후보는 답변만 하고 있다. 이런 구도로 흘러가는 것 자체가 한명숙 후보 입장에서는 필패이다. 지엽적인 문제에만 사로잡혀 큰 판을 보지 못하는 사람이 이런 전술적 패배를 많이 당하는데, 바로 이 토론에서 한명숙 후보가 그랬다. 한명숙 후보는 중간에 한 번이라도,

한명숙 : "계속 질문만 하고 계신데요, 제게도 한 번 질문할 기회를 주시죠?"

등의 발언으로 흐름을 끊고 주도권을 가져와야만 했다. 최근 토론회에서는 아예 '주도권 토론' 개념을 도입해 이런 문제를 원칙적

으로 조율하기도 한다. 그러나 자율성이 높은 토론에서는 철저하게 '내 주도권은 내가 가져온다'는 마음으로 임해야 한다. 다시 한 번 강조하지만, 주도권을 쥐는 데 가장 효과적인 수단으로는 질문만 한 게 없다.

공격을 많이 하라니까 혹자는 말을 많이 하라는 것으로 오해하는 사람이 있다. 전혀 그렇지 않다. 공격의 기본은 내가 말을 많이 하는 게 아니라 상대가 말을 많이 하게 만드는 것이다. 나는 상대가 대답하는 것을 느긋이 지켜보다가 허점이 보이면 툭 치고 들어가면 된다. 즉, 의견 제시를 많이 하는 게 아니라 질문을 많이 하는 게 공격의 요체이다.

···· 질문 공격에 대처하는 세 가지 방법

그러면 본격적으로 이제 질문 공격에 대처하는 법을 알아보자. 아무리 논거력이 뛰어나고 말을 잘해도 상대방의 질문 공격에 대처할 방법을 알지 못하면 논쟁에서 승리할 수 없을 것이다. 질문 공격에 대처하는 방법은 크게 세 종류가 있다.

1. 상대방의 질문이 치사하고 야비한 것임을 지적한다.

2. 상대방의 의도가 왜곡 혹은 몰아가기임을 지적한다.

3. 질문 자체가 무례하니 답변을 거부한다.

1번은 언급했다시피 모든 말 공격을 격퇴하는 기본적인 방법이다. 상대방의 질문을 이상한 것과 연결시키든, 범위를 넓혀 이상하게 해석하든, 진실이야 어쨌든 말로 이겨 먹겠다는 발상에서 나온 질문의 치사함을 정면으로 드러내는 것이야말로 가장 좋은 대처법이다. 여기에 2번처럼 상대의 행위가 치사한 이유를 정확하게 지적해 줄 수 있는 통찰력이 덧붙여지면 금상첨화이다.

A : "지금 삐졌어요? 무슨 남자가 그렇게 소심해요?"
B : "그런 화법 자체가 치사하고 야비한 것이에요."

A가 사용한 '삐졌다'라는 단어도 수치스러운 느낌을 주지만, '치사하다'와 '야비하다'도 그에 못지않게 부정적 이미지를 주는 단어이다. 당한 만큼 돌려주는 게 아주 중요하다는 사실을 잊지 말자.

A : "지금 무리하게 지출하면 나중에 재정이 악화될 것입니다."
B : "지금 상사한테 반항하는 거예요?"
A : "제 의견을 반항으로 몰아가는 것 자체가 비정상적입니다."

B가 A를 '반항아'로 몰아가려고 하자 A는 B를 '비정상적인 상사'로 몰아가는 화술로 맞받아치고 있다. 이때 중요한 것은 '몰아간다'는 표현이다. 실제로 B는 A를 무언가 나쁜 이미지로 몰아가려고 한다. A는 그 사실을 그대로 지적해 주고 있는 것이다. 상대방의 나쁜 의도를 정확히 지적해 주는 것, 반복해서 얘기하지만, 모든 반격의 기본 중 기본이다.

세 번째 방법은 아예 무시하는 것이다. 이 역시 치사한 공격을 격퇴하는 매우 중요한 방법으로서, 무시해야 할 때 무시하지 못하면 싸움이 어려워진다. 그런데 상대방이 '예/아니오' 형태로 질문을 한 상황에서 그 틀에서 벗어난 답변을 찾기가 쉽지 않다. 이럴 때 해법은 의외로 간단하다. 답변을 안 하면 된다. 앞에서 살펴본 논쟁 사례 하나를 다시 살펴보자.

A : "이번 정책 제도 개선안은 수많은 사람들의 수요가 있는 것입니다. 반드시 반영되어야 합니다."

B : "혹시 야동 보신 적 있습니까?"

A : "네."

B : "대한민국 남자 상당수가 야동을 보고 있다더군요. 인터넷에 가 보면 수많은 남성들의 야동 수요가 있다는 사실을 알 수 있습니다. 그럼, 야동 수요가 이렇게 많으니 정책적으로 법제화해서 양성해야 할

까요? 수요가 있다고 해서 반드시 정책화해야 하는 건가요?"

여기서 눈여겨 볼 대목은 B가 질문을 했다는 사실이다. 논쟁에서 질문은 절대 질문이 아니다. 질문은 공격이고 함정이다. 질문을 질문이라 생각하면 안 된다. 어떤 대답이든 질문에 답을 하는 순간 패색이 짙어진다.

학교에서는 선생님이 질문하면 학생은 답을 해야 한다. '질문에는 답변을 해야만 한다'는 그릇된 고정관념은 비단 A만 가지고 있는 문제가 아니다. 고분고분 따르기를 강요하는 한국적 교육을 받아 온 우리 모두가 가지고 있는 문제이다. 그 고정관념을 깨지 않고는 고수들을 당해 낼 수가 없다. '질문을 받으면, 그 질문에 답변을 해야 한다'는 고정관념을 몰아내고, 대신 이렇게 대처하자.

A : "그런 건 왜 물어 보세요?"

일단 한 템포 시간을 버는 방법으로 아주 유용한 대처법이다.

A : "그런 것을 물어 보는 것 자체가 무례입니다."

상대방의 질문의 의도가 지닌 무례함을 지적한다. 그리고 나서 답변하지 않겠다고 선언한다.

    A : "답변하지 않겠습니다."

물론 B는 답변을 강요할 것이다. 마무리는 이렇게 하자.

    A : "우리가 토론하는 것은 맞지만, 주제와 전혀 상관도 없는 개인적인 질문에 일일이 무조건 답해야 하는 것은 아닙니다."

    A : "이기는 것도 좋지만 상대에 대한 예의는 지켜야죠. 그런 이상한 걸 왜 물어 보나요?"

바둑에서 유래한 유명한 격언 중에 '상대 손 따라 두면 망한다'는 말이 있다. 상대가 두는 대로 받아 주면서 따라가다 보면 필패한다는 뜻이다. 모든 승부에서 상대의 흐름대로 가지 않고 상대가 만드는 물줄기에 역행하는 것이 판세를 유리하게 이끄는 기본 전략이다. 상대의 질문에 곧이곧대로 답변하지 않고 야멸치게 보인다 해도 무시할 줄 아는 것은 이기기 위한 논쟁에서 잊지 말아야 할 필수 덕목 중에 하나이다.

그럼 어떻게 해야 하는가? 상대가 내 손에 따라 수를 두도록 판의 구도 자체를 유리하게 해야 한다. 그러기 위해선 어떻게 해야 하는가? 계속 질문을 던지면 된다.

"조금 더 자세하게 말해 주겠어요?"
"조금 더 구체적으로 설명해 주겠어요?
"이 사안에 대해서는 어떻게 생각하세요?"

질문을 많이 하면 이기고, 질문을 많이 받으면 진다. 계속 질문을 날리기만 하고 완승을 거둔 오세훈 후보와 계속 질문을 받기만 하고 완패를 당한 한명숙 후보처럼 말이다.

누가 왜 정당한 비판을
왜곡하는가?

매도 전술

....은근슬쩍 나쁜 사람 만들기

말 공격의 최종 병기는 역시 '매도 취급'이다. 아마 논쟁 중에 볼 수 있는 최악의 말 공격일 것이다. 이런 말도 안 되는 말 공격을 일삼는 사람을 흔히 볼 수 있다. 최근 한국 사회에서 최대 화두로 떠오른 복지 논쟁을 보면 알 수 있다. 다음 대화를 보자.

> A : "최근 저출산 문제가 너무나 심각합니다. 젊은 부부가 보육비 부담 때문에 아이를 낳지 않으려 합니다. 그러면 국가의 미래에도 큰 악영향을 끼치게 됩니다. 보육비 지원을 크게 늘려야 합니다."

B : "무상 보육을 하자고요? 그럴 거면 아예 다 공짜로 하자고 하죠? 옷도 공짜, 집도 공짜, 먹는 것도 공짜… 아예 봉급도 공짜로 나눠주는 건 어때요?"

B의 화법이 전형적인 매도 취급 전술에 해당한다. 무상 보육을 늘려야 한다는 A의 주장에 대해 A가 하지도 않은 이야기를 첨가해 부정적인 이미지를 덧씌우고 있다. A는 옷도, 집도, 먹을 것도 죄다 공짜로 달라고 한 적이 없는데도 마치 그런 말들을 한 것처럼 공격한다. 이로써 A를 궁극적으로 공짜 돈을 구걸하는 사람으로 매도 취급해 버린 것이다.

1단계 : 상대의 의견을 터무니없는 사례와 은근슬쩍 동일화한다.
2단계 : 상대의 주장을 확대 해석한다.
3단계 : 상대를 개념 없는 사람으로 규정한다.

이렇게 구도 자체를 놓고 보면 이게 얼마나 터무니없는 논리인지 금세 알 수 있을 것이다. 문제는 실제로 토론을 하거나 옆에서 관전할 때는 이 화법의 비논리성이 잘 드러나지 않는다는 것이다. 오히려 상당히 설득력이 있어 보일 때도 있다.

매도 취급 전술은 논쟁에서 가장 치명적이면서도 자주 구사되는 전술 가운데 하나이다. 일상에서 벌어지는 대부분의 논쟁에서 쉽게 찾아볼 수 있다. 만일, 어떻게 해서든 반드시 이겨야만 하는 논쟁이고, 특히 상대가 영악하다면, 상대는 분명 당신을 그 무언가로 매도하려 들 것이다. 따라서 당신은 정당방위 차원에서라도 매도 취급 전술을 바로 이해하고 그 대비책을 세워 둬야 한다.

....어떻게 빠져 나갈 것인가?

매도 취급 전술의 기본 구도는 상대방을 부정적인 인간상으로 취급해 버리는 것이다. 부정적인 인간상을 연상시키는 개념은 널려 있다. 욕심쟁이, 이기주의자, 소심한 사람, 고지식한 사람 등이 그렇다. 그런 개념을 찾아 상대방에게 덧씌우는 것이 매도 취급이다.

   사실 날선 공방이 오가는 상황에서 매도 취급을 구사하지 않고 승리를 얻기란 매우 어렵다. 따라서 당신이 무조건 이겨야 하는 싸움이라면 상대의 매도 취급 전술을 경계하면서 역으로 상대를 매도 취급해 버려야 한다.

   매도 취급 전술은 크게 다음 세 가지 방향에서 구사될 수 있다.

1. 상대의 캐릭터를 이용하기

2. 상대의 동기를 이용하기

3. 상대의 말을 이용하기

이중에서 상대의 캐릭터를 이용하여 매도 취급 전술을 구사하는 방법을 알아보자. 어떻게든 당신을 이기려 드는 상대는 머릿속에서 당신의 캐릭터를 분석하여 어떤 부정적 이미지로 매도하기 위해 구상하고 있을 것이다. 당신은 이에 대비한 반격 코멘트를 준비해야 하고, 더 나아가 당신 역시 상대의 캐릭터를 머릿속으로 한번 그려봐야 한다. 당연한 얘기이지만, 만일 당신이 복지 논쟁에서 복지를 늘리자는 입장에 서 있다면 상대가 당신을 공짜만 밝히는 사람으로 매도할 것을 예상하고 그에 대한 합리적인 대책을 세워야 한다.

◎ 매도 취급 전술에 대비하기

1. 상대가 내게 뒤집어씌운 부정적인 인간상의 종류를 재빨리 파악한다.
2. 상대의 매도를 희석시키거나 그 악의적 의도를 드러낸다.
3. 역으로 상대에게 부정적 인간상의 이미지를 덧씌운다.

그런데 기본적으로 부정적인 이미지를 씌우려 할 때 유난히 수월한 사람이 있고 그렇지 않은 사람이 있다. 예를 들어, 아래처럼 소심한 사람으로 매도하려는 상황을 보자.

"또 삐진 거예요? 남자가 뭐 그렇게 소심해요?"

흔히 들을 수 있는 말이지만, 실제로는 치사하기 짝이 없는 매도 전술이다. 그렇다고 해서 이런 화법이 모든 사람에게 먹히지는 않는다. 키도 크고 훤칠한 원빈에게 이 말이 과연 가당키나 하겠는가?

....유시민의 경우

사실 매도 공격이 잘 먹히는 사람은 따로 있다. 어떤 면에선 타고나는 경우도 있다. 타고난 인종, 타고난 성별, 타고난 외모 등이 연계될 때 효과가 높아진다. 그런 이미지가 잘 씌워지는 사람에게 틈을 봐서 그런 사람으로 매도해 버리는 것이다. 무자비하고 비인격적인 공격이다. 이런 공격은 상대하기가 특히 까다롭다. 특히 신사적이고 양식 있는 사람이 당할 경우에는 더 그렇다. 그렇다고 손을 놓고 있을 수만은 없다. 이런 공격에 대해서도 적절하게 대응해야 하는 것이 우리의 일상이다.

단적으로, 정치인 유시민은 정치 활동을 하는 내내 '무례하다'거나 '약삭빠르다'는 이미지를 달고 다녔다. 그런데 키가 190cm가

넘고, 몸무게는 120kg 이상이며, 통통한 얼굴에 느릿느릿한 중저음 목소리를 가졌다면 과연 그에게 그런 이미지가 통했을까? 실제로 독설에 능한 언변, 주파수가 약간 높은 목소리, 삐쩍 마른 몸, 날카로운 관상이 그에게 위와 같은 이미지가 형성되는 데 제법 큰 역할을 한 게 사실이다.

당연하게도 정적들은 이 이미지를 적극 활용해서 매도 전략을 펼쳤다. 한 번 매도성 이미지를 씌워 놓으면, 그가 무슨 말을 하든 "거 참 무례하군요" 한마디로 그 말의 의미를 가볍게 퇴색시켜 버리는 힘을 발휘한다. 실제로 유시민도 이 이미지에서 빠져나오려 많은 노력을 했지만, 결국은 극복하지 못하고 정계 은퇴를 하고 말았다. 타고 난 것을 극복하기가 얼마나 어려운지를 잘 입증해 주는 사례이다.

그런데 이렇게 생각해 볼 수도 있다. 한국인 최초로 UFC 챔피언에 도전한 정찬성이 경기 중 어깨가 빠지자 상대편인 조제 알도는 그 사실을 알고 정찬성의 다친 팔을 집중 공격하여 승리를 따냈다. 하지만 정찬성은 알도를 비난하지 않았다. 해설위원도 "반대 상황이었으면 정찬성도 그렇게 했을 것이다. 알도를 비판할 순 없다"라고 했다.

냉엄한 승부의 세계에서는 타고난 것이든 불운이든 상대의 약점을 집중 공략하는 것은 어찌 보면 당연하다. 물론 상대의 약점을 찾아 치사하게 물고 늘어지는 게 좋다는 이야기는 아니다. 단지, 상대가 야비한 수를 썼을 때 그저 남 탓만 할 게 아니라 나를 보호할 방법을 반드시 마련해 두자는 것이다. 그 절대 원칙은, 누누이 말했지만, 받은 대로 돌려주는 것이다. 상대의 매도 취급 공격에 대처하는 방법은 크게 두 가지가 있다.

1. 상대를 타고난 약점을 빌미로 공격하는 비정한 인간형으로 규정한다.
2. 상대의 부정적인 과거 행적이나 특성을 활용해 매도한다.

특히 2번은 평소 상대의 언행을 유심히 관찰하여 특성을 파악해 두어야 적용할 수 있다. 또 욕심쟁이, 이기주의자, 소심한 사람, 고지식한 사람 등 일반적으로 쓰이는 부정적인 개념으로 이미지화하기 어렵다면, 역사 속 인물이나 연예인을 활용할 수도 있다. 더 나아가 아래 예처럼 약간의 스토리를 가미한 사회적 고정관념을 활용하는 방법도 있다.

"명문대생은 고집불통이라더니, 저 사람이 딱 그런 것 같네요."
"관상학에서는 이마가 넓고 툭 튀어나온 여자는 엘리트 의식이 강하다던데, 저 여자를 보니 확실히 그런 것 같네요."

....이기는 구도 설정하기

만일 상대방이 겉으로 상당히 말끔한 스타일의 인간이라면 이미지나 캐릭터를 활용하는 매도는 사용하기가 쉽지 않을 것이다. 소시오패스들도 대부분 겉으로는 멀쩡하다. 말쑥한 차림에 호감을 주는 인상을 하고 있다. 그들은 교묘하게 움직인다. 이럴 때는 그들의 동기를 빌미로 매도하면 좋다. 남을 공격하기 좋아하는 이들에게라면 이건 매도라기보다 오히려 진실을 명확히 밝히는 것이기도 하다.

모든 싸움에는 전술적 요건과 전략적 요건이 있다. 병력 차이가 10배가 나 버리면 제 아무리 천재적 재능을 가진 전술가라 해도 전쟁에서 이긴다는 것은 거의 불가능에 가깝다. 그래서 싸움의 구도가 중요하다. 구도 자체가 불리하게 짜여 있으면 아무리 발버둥을 쳐도 승리하기 힘들다.

A : "지금 무리하게 지출하면 나중에 재정이 악화될 것입니다."
B : "지금 나를 비난하는 거예요?"

이와 같은 상황에서 B는 싸움의 구도를 '동료를 비난하는 사람' 대 '동료에게 비난받는 불쌍한 사람'으로 설정해 버렸다.

A : 동료를 비난하는 사람

　　　　VS

B : 동료에게 비난받는 불쌍한 사람

　이런 구도에서는 A가 아무리 옳은 의견을 가지고 있어도 주장하기가 어려워진다. 모든 싸움은 구도 싸움이기 때문에 상대에 대항하는 구도를 어떻게 짜느냐는 승패와 직결된 중요한 문제다. 극단적으로 말하면, 구도 자체가 나에게 불리하다 싶으면 차라리 후퇴해서 후일을 도모하는 게 낫다.

　공격하기 좋아하는 논쟁의 고수들이 이런 식으로 구도를 짤 때 사용하는 기본 원리는 역시 취급이다. 논쟁에서 상대를 이기려면 상대를 그 무언가로 취급해야 한다. 상대의 인격은 물론 상대의 동기를 캐내서 그것에 부정적인 이미지를 입히고 끈질기게 매도하면 승리를 움켜쥘 수 있다는 사실을 그들은 잘 알고 있다.

.... **정당한 비판을 왜곡하는 사람들**

　사실 악의적인 사람들에게 모욕을 당했을 때 더 큰 모욕으로 갚아 주는 건 다름 아닌 정당방위이다. 예를 들어, 직장 상사가 당신을 불평불만만 일삼는 사람으로 매도했을 경우를 생각해 보자.

> A : "이번 가격 인상으로 구매자들의 불만 전화가 제 자리로 폭주하고 있습니다. 전월 대비 3배나 증가했습니다. 상담 전화 받을 인력 충원 등 대책이 필요합니다."
> B : "사업을 하다 보면 다 그런 거예요. 어떻게 자네 편한 대로만 할 수 있나? 생각 없이 일일이 불평불만을 늘어놓으면 안 되지."
> C : "맞습니다. 저도 홈페이지 개편할 때 고객 전화를 많이 받은 적이 있습니다만, 그다지 힘들지 않았습니다. 별 것 아닌 것 같은데요?"

비판을 하는 것은 나쁜 일이 아니다. 정치인이 국민에게 피해를 입힐 때, 기업인이 자기 이익만 내세우며 부당하게 편익을 취할 때, 상사가 일과는 무관하게 부하 직원을 인격적으로 모독할 때, 화를 내고 비판하는 것은 누구에게나 정당한 권리이다. 비판을 받지 않으면 잘못을 깨닫지 못한다. 비판은 일종의 치료제이다.

하지만 정당한 비판을 아무렇지도 않게 왜곡해 버리는 사람들이 있다. 특히 조직 생활에서 차고 넘친다. 정당한 비판을 왜곡하는 이유는 크게 두 가지가 있을 수 있다.

1. 자기 방어

2. 자기 두각

'자기 방어'는 그나마 이해해 줄 수 있다. 정말 심각한 문제는 '자기 두각'이다. 누군가 비판을 제기하면 "무슨 불평불만이 그렇게 많아요. 하라면 하는 게 조직인 거 몰라요?"라고 말하는 사람들이 있다. 그들의 목적이 바로 '자기 두각'이다. 타인을 불평불만을 일삼는 사람으로 치부하면서 자신은 '어려움을 잘 감내하는 성숙하고 인내심이 뛰어난 사람'으로 치켜세우는 것으로, 이는 비판하는 것보다 긍정적으로 받아들이는 것을 미덕으로 숭상하는 우리 사회의 문화를 이용한 교묘한 술수이다. 이런 사람들은 얼핏 보면 프로페셔널 같지만, 실상은 남을 매도해 자신을 돋보이게 하려는 심사가 똬리를 틀고 있는 경우가 많다.

.... 말의 내용이 아니라 의도를 밝혀라

상대의 말을 말 그대로 받아들여서는 안 된다. 반드시 말 뒤에 있는 의도를 보아야 한다. 이 의도만 정확하게 파악할 수 있으면 유리한 구도에서 싸울 수 있다.

위 사례만 봐서는 A가 무조건 선한 사람이라고 단정할 수는 없다. 다만, 여기서는 일단 A의 입장에서 반격 매도를 생각해 보자.

먼저, C에 대해서 과거 홈페이지 개편과 이번은 상황이 다르다는 식으로 상황 구분 논리를 구사하는 것은 수동적이고 효과도 미미하다. 좀 더 확실하게 반격하자면, 남을 깎아내려서라도 자기를 드러내려는 사람으로 매도하는 게 가장 좋다.

A : "자랑하고 싶어 하는 마음을 알겠는데, 이번 상황은 그때와 다릅니다. 남이 처한 어려운 상황을 그렇게 이용하는 것은 좋은 태도가 아니라고 생각합니다."

물론 그렇다고 해서 C가 순순히 물러나지는 않을 것이다. 말 공격을 일삼는 사람들은 선량한 우리보다 싸움 경험이 훨씬 많아서 웬만한 반격에는 크게 당황하지 않을 만큼 잘 단련되어 있기 때문이다. 그는 아마 이렇게 나올 것이다.

C : "아니, 왜 그렇게 삐딱해요? 동료가 좋은 말로 해 주는 충고를 그렇게밖에 못 받아들여요?"

이럴 때는 그냥 한 번 가볍게 웃어 주면 된다. 상대를 한 번에 넘어뜨릴 수는 없는 법이다. 일단 상대를 남의 어려움을 이용해 자기를 자랑하려는 사람의 이미지로 주변 갤러리들에게 각인시켜 준 것으로도 큰 성과이다. 이후부터는 필요할 때마다 광주리에 넣어 둔 곶감 꺼내 먹듯이 상기시켜 주면 된다.

공격적인 사람들은 대부분 동기를 가지고 있다. 경쟁에서 이기고 싶은 마음이다. 그 동기를 인정이니 충고니 도리니 하는 말들로 포장하고 있을 뿐이다. 그 동기를 밝혀 드러내면 그들도 당황하지 않을 수 없다. 그런 사람들은 대체로 다음과 같은 유형으로 구분할 수 있다.

1. 남을 깎아내려서라도 자기를 높이려는 사람
2. 남 잘되는 꼴을 못 보는 사람
3. 권력을 좇는 사람
4. 화를 잘 내는 사람
5. 공격적인 사람

언제나 상대의 말을 액면 그대로가 아니라 그 속에 담긴 의도를 관찰하려고 노력해야 하는 것은 기본이다. 여기에 더해, 공격적인 사람들의 유형을 잘 파악해 두고 있으면, 느닷없이 벌어진 논쟁 상황에서 그들의 치졸한 말 공격에 대처하기가 한결 편해질 것이다.

무에서 유를
창조하다

해석의 기술 I

‥‥논쟁에도 문학적 상상력이 필요한 이유

매도 전술의 기본 원리는 상대의 주장을 부정적인 이미지로 치환하는 것으로 그 자체만 놓고 보면 결코 정정당당한 화법이 아니다. 그럼에도 매도 전술을 중요하게 다루는 이유는 일상생활에서 너무도 공공연하게 그리고 자주 사용되고 있고, 선량하기 그지없는 우리는 언제든지 악의적 공격을 당해 곤란에 빠질 수 있기 때문이다. 매도 공격의 원리를 파악하고, 그 대처법을 숙지해 두어야 하는 이유이다.

  매도 공격을 하는 것이든, 매도 공격을 방어하는 것이든, 매도는 하나의 사안, 하나의 문장, 하나의 단어를 어떻게 자신에게 유리하게 해석하느냐에 따라 성공 여부가 결정된다. 더 나아가 해석의 문제는 논쟁에서 승부에 영향을 미치는 가장 결정적인 요소이기도 하다.

해석의 중요성을 가장 적절하게 보여 주는 사례로 소송을 들 수 있다. 소송은 그야말로 '해석의 전쟁'이다. 법은 이미 조문으로 상세하게 적혀 있다. 그런데도 싸움이 벌어진다. 해석이 다르기 때문이다.

학생의 두발을 단속하면서 "왜 머리를 자르지 않는 거지? 지금 선생님한테 대드는 건가?"라고 하는 교사의 화법도 해석이다. 학생이 학교 규칙이나 선생님 지시를 어긴 것은 맞지만, 그 동기가 선생님에게 대들기 위해서인지는 알 수 없다. 무섭기로 소문난 김성근 감독의 지시에도 불구하고 머리를 자르지 않은 삼손 이상훈 선수처럼 머리에 대한 애정과 자존심이 각별한 학생일 수도 있다.

똑같이 머리를 자르지 않은 행동이었지만, 선생님은 자신에 대한 반항으로 받아들였고 김성근 감독은 선수의 자존심을 존중해 장발을 허용했다. 그 결과, 학생은 짜증과 반항심이 커졌고, 이상훈 선수는 감동을 받았다. 이게 바로 해석의 차이이다.

무언가 새로운 것을 만들어 내는 것만이 창의가 아니다. 새로운 관점에서 해석해서 뜻밖의 결과를 만들어 내는 것도 창의이다. 논쟁에서도 이 창의가 절대적으로 필요하다. 그리고 이 창의력을 키우는 특효약은 문학적 상상력이다. 문학을 가볍게 여기는 사람이 많은데, 사실 살면서 가장 유용하게 써먹을 수 있는 것 중 하나가 바로 문학이다. 논쟁도 예외가 아니다. 그도 그럴 것이 문학 자체가 언어 실험이기 때문이다.

사실 해석력이 높아지면 단순히 논쟁에서 유리한 위치를 차지할 뿐만 아니라 모든 커뮤니케이션이 원활해진다. 이제 몇 가지 사례를 통해서 다양한 해석의 기술을 알아보자.

…. "왜 말을 돌려요?"

상대의 발언이 패배를 선언하거나 할 말이 없어서 회피한 것으로 해석해 버리는 경우이다. 예를 들면 이렇다.

A : "또 삐진 거예요? 남자가 뭐 그렇게 소심해요?"
B : (어처구니없다는 듯이) "왜 갑자기 말을 돌려요? 할 말이 없으니 말을 돌리는군요. 그럼 이 사안에 대해서는 더 할 말 없는 것으로 알겠습니다."

A가 논리 싸움에서 벗어나 인격 공격을 하자 B는 그 공격 자체에 대해 왈가왈부하는 대신 상대가 말을 돌려 사안을 회피한 행동이 패배를 선언한 것이나 마찬가지라고 해석하는 것으로 대응했다. 주로 상대가 지금 다루고 있는 주제가 아니라 전혀 엉뚱한 사안을 갑자기 끌고 들어와서 화제를 전환시키려 할 때 써먹을 수 있는 방법이다.

　　앞에서도 지적했지만, 사실 이런 경우는 매도라기보다 오히려 적절한 지적에 해당한다. 우리 주변에서도 흔히 볼 수 있는 풍경으로, 특히 노회한 정치인이 민감한 사안이나 쟁점에 대해 공격당할 때 갑자기 훈장님의 공자 왈 맹자 왈 같은 뻔한 일반론을 늘어놓으며 구렁이 담 넘어가듯 얼렁뚱땅 무마하려는 모습에서 적나라하게 드러난다.

A : "이번에 일자리 90만 개를 만들겠다고 발표했는데, 정확히 어떤 일자리를 만들겠다는 건가요? 현재 정규직 평균 임금인 시간당 1만 4,000원에 부합하는 양질의 일자리를 만들겠다는 것인가요?"

B : "예, 이번 안은 우리 사회가 처해 있는 일자리 문제, 특히 여성, 사회 취약층 등 취업이 어려운 분들을 위한 일자리를 확산시켜 나가야 한다는 취지로 발의된 것입니다. 이 와중에 양질의 일자리를 더 늘려 나가기 위한 정책적 고려와 사회적 합의를 계속 해 나갈 예정입니다."

A는 "정규직 수준의 일자리를 90만 개 만들겠다는 것이냐?"라고 명확하게 질문했는데, 이에 대해 B는 그렇다는 것도 아니고 그렇지 않다는 것도 아닌 식으로 빤한 말만 늘어놓고 있다. 치졸한 회피가 아닐 수 없다. 이에 대해서는 B가 회피하고 있다는 사실을 명확하게 짚어 주고 넘어갈 필요가 있다.

A : "목표가 구체적이지 못한데도 정책이라고 할 수 있습니까? 제 질문을 회피하지 마십시오."

이처럼 해석의 기술은 활용하기에 따라서 때때로 어둠에 가려 보이지 않던 진실을 드러내서 밝게 비춰 주기도 한다.

...."현실은 알지도 못하면서"

A : "비정규직은 철폐되어야 합니다. 양쪽 라인에서 마주보며 똑같은 작업을 하는데 정규직과 비정규직을 구분하는 게 말이 됩니까? 세계 최고의 글로벌 기업이고, 올해 3/4분기 실적도 최대치를 달성한 것으로 발표되었습니다. 그런데도 왜 비정규직은 이렇게 양산하고 있는 것입니까?"

B : "기업을 한번 운영해 봤나요? 그게 얼마나 어려운 일인지 알아요? 알지도 못하면서 그런 말 하지 마세요."

보통의 경우, 새로운 관점을 가진 사람, 즉 아직 그 일에 깊숙이 개입해 본 적이 별로 없는 사람이 비판하기 마련이다. 따라서 상대의 비판에 대응할 때 자주 위와 같이 경험이 부족한 풋내기로 취급하는 방법이 구사된다. 특히 정치, 행정, 기업 등 일반 시민이 참여할 기회는 거의 없지만 관심은 클 수밖에 없는 사회적 사안들에서 그렇다. 신참자를 풋내기 취급하는 기득권의 매도 전략은 우리 사회에서 이미 실천적으로나 논리적으로 깨부수기 힘들 만큼 강력한 힘을 지녔다. 실제로 정치 토론회에서 자주 목격된다.

초선 도전 후보 : "한국은 새 정치가 필요합니다. 언제까지 구습에 찌든 한국 정치를 바라만 보실 겁니까? 저와 같은 새로운 피를 한국 정치에 수혈해 주십시오."

재선 후보 : "새 정치라는 말은 듣기에는 좋을지 모르나 결국 정치 경험이 부족하다는 뜻입니다. 이번 선거는 우리 지역을 잘 이끌어 나갈 경륜과 역량 있는 인물을 뽑아야 합니다. 정치 경험이 한 번도 없는 풋내기에게 우리 지역을 맡기시겠습니까?"

위의 사례에서 재선 후보의 말은 얼핏 꽤 설득력이 있어 보이나, 조금만 깊게 생각해 보면 말이 안 된다. 그의 말대로라면 정치는 늘 해 본 사람만 해야 하고, 초선 의원들의 성적은 모두 좋지 않았어야 한다. 그런데 실제로도 그런가? 결코 그렇지 않다.

상대방을 무조건 풋내기 취급하는 이 매도 논리를 깰 방법은 없을까? 이 정도 반격 멘트는 생각해 볼 수 있다.

초선 도전 후보 : "제가 풋내기라고요? 그렇다면 풋내기에게 꼬투리를 잡히는 후보님은 풋내기만도 못한 사람이군요!"

...."전부 그런 건 아니죠"

A : "요즘 여자들은 사치가 너무 심해요."

우리는 일상생활을 하면서 '모든', '무조건', '전부', '전체'를 전제로 이야기하는 경우는 거의 없다. 위에서 A도 "모든(all) 한국 여자들은 사치가 심하다"라고 말했을 리는 없다. 그저 '그런 추세인 것 같다'는 의도였을 것이다. 그런데도 A에 대해 반박하는 입장에 있는 사람이라면 십중팔구 이런 식으로 공격한다.

B : "세상 모든 여자가 다 사치스러운 건 아니에요. 호도하지 마세요."

통계를 가지고 세밀하게 따져 보지 않은 이상 A의 말이 어느 정도 합당한 말인지는 알 수 없다. 그렇다고 해서 B의 해석이 정당해질 수 없다. A는 애초부터 '모든', '전부'의 의미를 담아서 이야기하지 않았는데도 B는 마치 A가 그렇게 이야기한 것처럼 '모두가 그렇진 않다'고 대응하고 있다.

그러나 더 큰 문제는 이런 식의 반박 논리가 우리 주변에서 너무나 자주 쓰인다는 점이다. 다음은 대기업과 중소기업의 상생 문제에 관한 두 교수의 논쟁이다.

A : "재벌 개혁은 정말로 필요합니다. 재벌이 연이어 최고 실적을 올릴수록 중소기업은 너무나도 어려운 상황에 처해 가고 있습니다. 그런데도 납품 단가 후려치기 등 대기업의 이기적인 악습은 계속되고 있습니다. 정말 심각합니다."

B : "마치 모든 중소기업의 어려움이 대기업 때문에 발생하는 것처럼 말씀하시는데, 현실은 꼭 그렇지만은 않습니다. 실제로 한 자동차 기업의 1차 협력사들은 조 단위의 매출을 올리고 있습니다. 과연 그 협력사들이 선도적인 대기업이 없었다면 그렇게 성장할 수 있었을까요? 무조건 중소기업이 대기업에게 피해만 보고 있다는 것은 현실을 너

무 모르고 하시는 말씀입니다."

평범한 논쟁 같지만, 이 대화의 구조를 잘 살펴볼 필요가 있다. A 교수가 제기한 문제는 분명히 '납품 단가 후려치기 등 대기업의 이기적 악습'이다. 그러나 이에 대해 B 교수는 A 교수의 문제 제기를 그대로 받는 것이 아니라 '모든'과 '무조건'으로 바꿔서 받아치고 있다.

납품 단가 후려치기 등 대기업의 이기적 악습

⇓

모든 중소기업의 어려움이 대기업 때문에 발생하는 것

&

무조건 중소기업이 대기업에게 피해만 보고 있다

상대의 말을 있는 그대로 받아들여 그 틀 안에서만 싸우는 논쟁은 실제로는 거의 없다. 어떻게 해서든지 상대방의 말을 부정적인 쪽으로 해석하고 확대 재생산해서 매도하는 것이 우리가 일상에서 흔히 경험하는 논쟁의 지극히 현실적인 형태이다. 상대가 문제를 제기했을 때 그것에 대해 내가 계속 언급해 봐야 득이 될 게 없다고 판단되면 많은 경우 위의 B 교수처럼 은근슬쩍 논제를 바꿔 버리는 것이다.

.... **"그래서 아예 하지 말자고요?"**

> A : "이번 UCC 공모전은 신제품 판매 증진에 그다지 도움이 되지 않을 것 같아요. 영상을 만드는 것 자체가 번거로운 일인 데다, 공력에 비하면 상품이 너무 저가입니다. 만약 진행하려면 가격을 더 올려야 합니다."
>
> B : "무조건 반대만 하면 어떻게 해요? 그럼 마케팅이고 뭐고 다 하지 말자는 거예요?"

상대방의 발언을 전면적인 부정으로 해석하는 형태이다. 여기서 A의 의도는 공모전의 부분적 문제점을 지적하는 것인데, B는 이것을 '다 하지 말자'라는 식으로 일방적이고 전면적인 부정으로 해석했다.

이처럼 상대방의 말을 일방적 전면 부정으로 확대 해석하는 방법에는 일정한 틀이 있다. 일단 그 누구도 부정하기 힘든 대전제 하나를 끌어들여서 상대방의 말이 그것을 부정하고 있다고 호도하는 것이다. 위에서 B가 끌어들인 대전제는 '마케팅을 해야 한다'는 것이다. 사업을 하려면 당연히 마케팅을 해야 한다. 그 누구도 부정할 수 없는 전제이다. 당연히 A도 부정한 적이 없다.

어떤 주제의 논쟁이든 이런 성격의 대전제를 동원하는 일은 의외로 어렵지 않다. 비판의 대상이 되는 주장이 가장 근본적으로 추구하는 목적을 끌어오면 된다.

> A : "기업의 여성고용할당제를 일방적으로 전면 시행하는 것은 기업 현실을 무시하는 발상입니다."
> B : "한국에서 여성이 받고 있는 고용 차별이 얼마나 심각한지를 외면하시는군요."

여성고용할당제의 취지는 간단히 말해 여성의 취업 문제를 해결해 주자는 것이다. 그리고 이 취지의 대전제는 현재 '여성이 취업하기 힘들다'는 것이다. 이건 여러 통계가 잘 보여 주고 있으므로 부정할 수가 없다. 위 사례에서 A도 여성의 고용 차별 자체를 부정하는 건 아니었다. 그러나 B는 A의 의도와는 상관없이 A가 이 대전제를 외면하고 있다고 왜곡하고 있다.

이렇게 구조를 분석해 보면 말장난에 불과해 보이지만, 거의 모든 논쟁에서 한 번은 꼭 목격할 수 있다. 대학 교수이든 정치인이든 대부분 똑같다. 우리 사회가 금방 해결할 수 있는 문제들도 질질 끌며 우왕좌왕하는 이유이기도 하다.

"한국 정치의 모든 문제가 지역감정 때문만은 아니다."

"한국 경제의 모든 문제가 대기업 때문만은 아니다."

..... **"인격 모독이에요"**

A : "문구점에서 식품을 판매하는 것을 제지하는 법률을 통과시켜야 합니다. 아이들의 건강을 위해서 문구점에서는 문구만 팔게 해야 합니다."

B : "문구점 사장님들을 전부 불량식품이나 파는 파렴치한으로 매도하는 관점은 옳지 못합니다."

상대의 발언을 나 혹은 제3자에 대한 인격 공격으로 해석해 버리는 방법이다. 이 사례에서 A의 이야기에는 식품 판매는 허가 받은 식품 전문 업주만 할 수 있게 정해서 먹거리 유통을 체계적이고 안전하게 관리하자는 뜻이 담겨 있다. 그러나 논쟁 상대의 입장에서 B는 당연히 A의 말을 좋은 의도대로 받아들일 의무가 없다. 실제로 B는 A의 발언을 수많은 문구점 사장님들을 파렴치한으로 모는 인격 모독 공격으로 해석해 버렸다.

물론 보통의 경우라면 A는 그런 뜻이 아니었다고 반론을 펼 것이다. 따라서 B가 이 한 방으로 이길 수는 없지만, A는 선량한 사장님들을 인격 공격한 게 아니라는 사실을 증명하기 위해 에너지를 써야 할 뿐만 아니라 누명 때문에 심리적 위축감을 가질 수밖에 없다. 복싱에서도 상대를 한 방에 쓰러뜨리는 것처럼 보이나 사실은 그렇지 않다. 수많은 잽을 성공시켜야 한 방이 터지는 것이다.

....창작도 해석이다

대부분의 매도는 이처럼 상대의 말을 내게 유리한 방향으로 해석함으로써 이뤄진다. 그런데 한 발 더 나아가 상대가 하지도 않은 말을 마치 한 것처럼 해석해 공격하는 경우도 쉽게 볼 수 있다. 바로 '창작 해석'이다. 논쟁의 원래 목적에서 이탈하게 만드는 것은 물론 올바른 결과를 도출할 수 없게 만드는 해악한 화법이다. 이와 관련한 사례로는 앞에서도 몇 번 다룬 바가 있는 무상 보육 논쟁을 들 수 있다.

> "무상 보육을 하자고요? 그럴 거면 아예 다 공짜로 하자고 하죠? 옷도 공짜, 집도 공짜, 먹는 것도 공짜… 아예 봉급도 공짜로 나눠주는 건 어때요?"

무상 보육을 주장하는 사람이 옷이나 집을 공짜로 달라고 한 적이 없는데도 마치 그런 주장을 한 것처럼 억지로 창작해서 공격하고 있다. 정당화 논리가 전혀 없는 것은 아니다. 바로 '그거나 이거나 마찬가지'라는 배경 논리이다.

물론 실제로 '그거나 이거나 마찬가지'인 경우도 있으나 전혀 아닌 경우도 많다. 문제는 이 둘 사이의 차이를 구분해 낼 수 없는 사람이 이른바 식자층에도 정말로 많다는 점이다. 다만, 이들에게도 장점이 있으니, 바로 그들이 가지고 있는 상상력과 창의력이다. 창의력이 없으면 절대로 창작 해석을 할 수 없다. 문구점 식품 판매 논쟁 사례를 가지고 창작 해석을 응용해 보자.

> A : "문구점에서 식품을 판매하는 것을 제지하는 법률을 통과시켜야 합니다. 아이들의 건강을 위해서 문구점에서는 문구만 팔게 해야 합니다."
>
> B : "문구점 사장님들을 전부 불량식품이나 파는 파렴치한으로 매도하는 관점은 옳지 못합니다. 그렇게 따지면 지금까지 식품을 판매해 온 문구점 사장님들을 다 식품위생관리법 위반으로 처벌해야 하나요?"

여기서 B의 마지막 문장이 바로 창작이다. A는 사장님들을 처벌하자는 얘기를 한 번도 말한 적이 없다. 사장님 처벌 구상은 오로지 B의 머릿속에서 만들어진 것이다. B는 마치 A가 그런 주장을 한 것인 양 소리 높여 비판하면서 폼을 잡고 있다. 추측하건대 봉이 김선달도 이런 화법으로 장사해 먹지 않았을까?

....해석을 통한 매도에 대처하는 법

해석을 통한 매도는 기본적으로 양식을 갖추지 못한 사람들의 논쟁술이며, 매도 공격을 남발하는 사람은 수준 이하 인간으로 취급해도 좋다. 문제는 그렇다고 해서 우리가 이런 사람들과의 논쟁을 피할 수는 없다는 점이다. 따라서 우리는 적어도 매도 공격을 당했을 때 반격할 멘트 정도는 준비해 두는 게 좋다. 예를 들면 이런 것이다.

> "내가 하지도 않은 이야기를 마치 한 것처럼 꾸미고 있네요. 왜 하지 않은 이야기를 가상으로 만들어서 가상으로 비판하는지 이해할 수가 없습니다."

저마다 처한 상황이 다를 수밖에 없으니 이 패턴을 그때그때 상황에 맞게 응용하면 좋겠다. 다만 기본 원리는 상대가 나의 말을 제멋대로 해석하거나 하지도 않은 말을 만들어 냈다는 점을 드러내는 것이다. 위에서 '가상'이라는 말을 두 번이나 반복 사용한 것도 의도적이다. 일반적으로 동어반복은 비문에 해당하지만, 실전에서는 메시지를 강화하는 효과를 발휘한다.

　우리는 살면서 언어폭력을 남발하는 사람을 자주 만난다. 최근에 스펙을 속여 취직하고 심지어 책도 내는 '허언증' 환자들이 언론에 기사화된 적이 있는데, 사실 허언증보다 더 심각한 게 바로 '폭언증'이다. 기본적으로 말은 내 것이 아니라 남의 것이다. 폭언증 환자들은 이 사실을 너무도 간단히 무시해 버리기에 내뱉는 말마다 사람들에게 고통을 안긴다.

　따라서 우리가 할 일은 그들이 남에게 주는 고통을 그들도 느끼게 해 주는 것이고, 이를 위한 최소한의 기술을 단련해 두는 것이다. 그렇지 않으면 선량한 사람들은 언제까지나 폭언증 환자들에게 당하면서 살 수밖에 없다.

단어의 의미를 훔쳐라

해석의 기술 II

....국어사전을 믿지 마라

단어의 의미를 쟁취하라? 이게 무슨 이야기일까? 단어의 의미는 사전에 이미 나와 있지 않은가? 물론 그렇다. 하지만 사전적 의미는 사전에나 존재한다. 실전에서 단어의 의미는 자신의 이익에 따라 새롭게 정의된다. 실제로 우리가 경험하는 토론이나 논쟁의 대부분은 말의 정의를 놓고 벌이는 싸움이기도 하다. 따라서 말의 정의를 내리는 기술이 얼마나 중요한지는 두말할 나위가 없다.

아래 사례는 미국 쇠고기 수입 문제로 야당이 장외 투쟁을 벌이는 문제에 대해 한 토론회에서 청중 한 명이 야당 국회의원에게 가

한 공격이다.

청중 : "경영학도인 제가 보기에 18대 국회가 이렇게 문을 닫고 있는 모습이 국익에 도움이 되는지 의문스럽습니다."

경영학도인 것과 위 질문의 취지가 무슨 상관이 있는지 모르겠지만, 여하튼 청중은 이렇게 공격을 가했다. 여기에 대해 장외 투쟁을 벌이는 야당의 한 의원은 이렇게 응답했다.

야당 의원 : "국민의 건강이 국익의 최우선적 부분입니다."

이 대화는 얼핏 보면 별것 아닌 것 같지만 구조적으로는 시사점이 아주 많은 대화이다. 청중은 부정하기 힘든 선한 가치를 끌어 와서 상대가 그에 어긋난 행동을 하고 있다는, 일종의 매도 공격을 구사하고 있다. 위에서 청중이 끌어온 선한 가치는 바로 국익이다. 무턱대고 "당신이 잘못이야"라고 말하는 것보다 국익에 도움이 되지 않는다고 할 때 비판의 효과가 훨씬 커진다.

상대의 주장 ⇔ 절대 선
"당신은 절대 선을 부정하니까 잘못이다."

이 화법은 보편적 선의 가치를 활용하기 때문에 마냥 아름답게 보이기 쉽다. 하지만 실전에서는 악의적으로 쓰일 때가 많다. 특히 현상의 본질을 보려 하지 않고 그냥 덮어 버리려고만 하는 사람들이 즐겨 사용한다.

예를 들어, 학교에서 폭력을 일삼는 일진을 고발했더니 선생님이 "친구끼리 친하게 지내야지 고자질이나 하면 되니?"라고 한다면 그야말로 환장할 일이다. 사실 말은 바른 말이다. 친구끼리 우애를 가지고 감싸면서 지내야 하는 건 맞다. 그러나 힘센 아이가 약한 아이를 폭력으로 괴롭히는 건 우애의 차원이 아니라 그 자체로 범죄이다. 그런데도 우애를 들먹이면 책임을 회피하고자 하는 발언으로밖에 볼 수 없다. 말의 사전적 의미보다는 상황적 의미가 더 중요하다는 사실이 잘 드러나는 대목이다.

대기업의 부당한 행위나 탈세 혐의를 조사하려고 하면 "정부가 기업과 국가 경제에 혼란을 주면 안 됩니다"라고 한다든가, 정치인이 비리를 저질러서 구속하려고 하면 "정치 탄압을 해서는 안 된다"라고 한다든가 등등도 마찬가지이다. 말 그 자체로는 맞는 말이다. 정부가 무분별하게 시장에 혼란을 줘선 안 되고, 정치 탄압도 해선 안 된다. 그런데 불법을 바로잡겠다는 상황에서 나올 말들은 분명 아니다.

일상생활에서도 이런 유사한 방법으로 자신의 명백한 잘못과 그에 대한 책임에서 빠져나가려는 사람들을 쉽게 만날 수가 있다. 바로 이런 사람들의 말장난에서 벗어나기 위해서는 먼저 단어의 의미를 장악하는 단어 정의 싸움에서 이겨야 한다.

····보편적 가치의 테두리에서 벗어나지 말 것

위 사례에서 야당 국회의원의 답변은 별 것 아닌 것처럼 보이지만 이 경우 가장 교과서적 대처라 할 수 있다. 이 논쟁에서 쟁점은 무엇인가? 바로 청중이 야당 의원을 공격하기 위해 끌어들인 '국익'이라는 단어이다. 장외 투쟁이 국익에 반하는 것이라는 말은 '국익=원내 활동'이라는 뜻을 담고 있다.

여기에 반박하려면 당연히 이 공식을 깨야 한다. 그런데 그냥 '국익=장외 활동' 혹은 '장외 활동도 국익을 위하는 활동이라고 볼 수 있다'라고만 해 버리면 상대의 말에 변명을 늘어놓는 모양새가 되기 쉽다. 그렇다고 상대가 내세운 선의 가치에 정면으로 부딪히는 것도 좋은 방법이 아니다. 보편적으로 널리 인정받는 선한 개념과 싸우려 들다 보면 오히려 상대가 원하는 대로 개미지옥에 빠져들 수 있다. 지혜가 필요하다.

· 사실 청중이 공격에 사용한 '국익=정상적 원내 활동'이라는 개

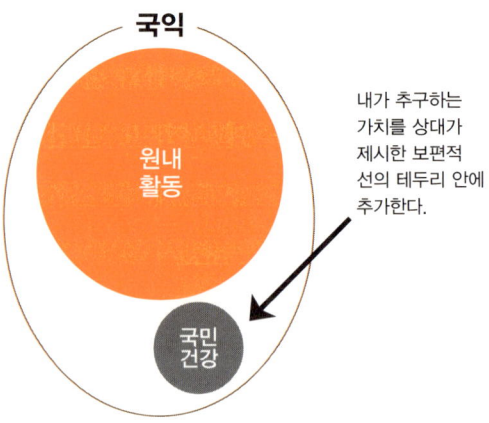

념 정의는 전혀 틀린 게 아니다. 당연히 가능하다면 원내에서 일하면서 민생 법안을 포함한 입법 활동을 하는 게 옳다. 그렇다면 이 정의를 부정하기보다는 오히려 얹혀 가는 게 가장 자연스러운 대처법이 될 것이다. 비록 상대는 내가 보편적 선의 가치에 정면으로 부딪혀 주기를 바랐겠지만, 나는 상대가 제시한 보편적 선의 정의를 새롭게 해석하여 내가 주장하는 것 역시 거기에서 어긋나지 않는다는 점을 강조함으로써 자연스럽게 넘어갈 수 있다. 즉, '국익=원내 활동'이라는 상대의 주장을 수용하되, 국익의 테두리 안에 '국민 건강'이라는 의미를 추가하여 새롭게 정의하는 것이다.

그렇다면 어떻게 하면 빠르고 정확하게 나의 가치를 주입시켜 새로운 해석을 이끌어 낼 수 있을까? 여기서 주목해야 할 것이 바로

'취지'이다. 모든 행동에는 그 행동을 하게 만든 취지가 있다.

우리는 행동 그 자체 못지않게 취지가 중요하다는 사실을 자주 잊는다. 위 사례에서도 청중은 취지를 배제한 행동 자체만 문제를 삼고 있다. 그러나 우리 인생사를 살펴보면 행동만큼이나 중요한 게 그 행동을 하게 된 동기, 즉 취지이다. 사람을 때리는 것은 나쁘지만 깡패에게 당하고 있는 친구를 구하기 위해 폭력을 휘두르는 것은 충분히 정당화될 수 있다. 마찬가지로 국회의원의 장외 투쟁이 모두 옳을 수는 없겠으나, 그 행동의 취지가 충분히 선하다면 그 취지를 무시한 채 무조건 비판만 할 수는 없다.

일상생활에서도 마찬가지이다. 내가 지향하는 선한 목적이 따로 있는데, 상대방이 그에 반하는 가치 개념을 들고 와서 나의 주장을 핍박하는 경우를 충분히 당할 수 있다. 그런 사람들에 대항해 우리의 진정성 있는 취지를 조금이라도 더 잘 전달할 수 있는 방법을 고민해야만 한다.

직장 선배가 도저히 용납하기 힘든 불합리한 지시를 내릴 때, 나는 얻어맞고 돈을 뺏겨서 억울한데 선생님은 내 이야기를 들어주기는커녕 무마하려고만 할 때, 만사를 누이 좋고 매부 좋고 하는 식으로 처리하려는 사람들을 만날 때, 우린 어떻게 해야 하나? 이제부터 그들에 대한 대응법을 알아보자.

....공격용 단어를 찾아 재정의하기

> A : "선배님, 이건 규정에 어긋납니다. 나중에 문제가 생기면 어떻게 하려고 이런 일을 시키세요?"
>
> B : "어떻게 모든 일을 규정대로 하나? 사람 참 고지식하네. 융통성 있게 적당히 하자고."

위는 직장 선배가 후배에게 규정에 어긋난 일을 하라고 강권하는 상황에서 벌어진 대화이다. 융통성을 가져야 한다는 선배의 말은 틀린 말이 아니다. 그러나 모든 말은 상황과 정확히 부합될 때, 해당 상황을 정확히 설명할 수 있을 때 비로소 적절한 의미를 갖게 된다. 상황을 고려하지 않고 무턱대고 융통성을 강조하면 그 말 자체가 폭력이 되기 쉽다.

물론 이런 식의 화법을 쓰는 사람은 주로 권력을 가지고 있는 사람이기 때문에 내가 그의 상대라면 어쩔 수 없이 이 불합리한 상황을 받아들일 수밖에 없는 경우가 대부분일 것이다. 하지만 그럼에도 불구하고 내게 단 한마디의 말이라도 할 기회가 주어진다면 최대한 적절히 어필하여 억울한 마음을 조금이라도 풀 수는 있어야 하지 않을까? 그 방법은 역시 단어의 재정의이다.

B : "사람 참 고지식하네. 융통성 있게 적당히 하자고."

단어 재정의를 통해 상대의 발언에 반격하려면, 일단 상대가 던진 문장에서 가장 핵심이 되는 개념어가 무엇인지 찾아야 한다. 이 문장에서 핵심이 되는 단어는 '융통성'과 '고지식'이다. 나머지는 이 두 단어를 꾸며 주는 말에 불과하다. 따라서 이 공격에 대한 반격은 융통성과 고지식이라는 단어를 나에게 유리하게, 나의 진정성을 담아낼 수 있게 재정의하는 것으로 시작하면 된다.

A : "선배님 의견과 다르면 무조건 고지식한 것입니까? 고지식이란 말은 흔히 굳이 지키지 않아도 되는 것을 고집스럽게 지키자고 할 때 쓰는 말 아닌가요? 반면, 지켜야 할 것을 지키지 않는 것은 위반이죠."

A : "지금 상황에서 융통성이라는 말은 어울리지 않은데요. 융통성은 일을 문제없이 잘 처리하는 것이지, 위험한 줄 빤히 알면서도 하는 게 융통성은 아니잖아요? 그건 도박이죠."

....새로운 단어를 제시하라

바둑에 '손 따라 두면 망한다'는 말이 있듯이 상대가 만들어 놓은 틀 안에서만 움직이면 시종일관 불리한 포지션에서 벗어날 수가 없다. 따라서 상대가 핵심 개념으로 제시한 단어들을 재정의하는 것과 함께 반드시 새로운 단어를 제시함으로써 반전의 기회를 잡아야 한다.

B가 융통성과 고지식이라는 단어 두 개를 공격 무기로 내세웠으니, 말하자면 이 두 단어는 나를 찌르려는 칼과 창이다. 상대방이 칼과 창을 들이미는데 맨손으로 방어하는 건 어리석은 짓이다. 우선은 방패로 막되, 반격을 위한 칼과 창을 준비해야 한다. 그것이 바로 새로운 단어, 즉 위 사례에서는 '위반'과 '도박'이다.

이것은 일종의 심리전이기도 하다. 사람은 동시에 두세 가지에 집중하기 어렵다. 농구를 보면서 축구도 보려면 아무래도 혼란스럽다. 상대가 부정적인 단어를 나와 일체화시키려 하고 있다. 이때 역으로 나 역시 새로운 단어를 던져서 상대방에게 역공을 가하면, 갤러리들은 축구 채널과 농구 채널을 동시에 틀어 놓은 것 같은 혼란에 빠지거나, 아니면 나중에 제시된 단어로 관심을 옮겨 간다.

지금까지 설명한 방법을 구조화하면 다음과 같다.

"지금 당신의 주장은 고지식한 것이다."

⇓

1단계 : "지금 상황은 고지식이라는 말과 맞지 않다."

　　　　(상대가 제시한 단어를 무력화한다.)

2단계 : "고지식은 변화를 받아들이지 못하고 무조건 옛것만 주장하는 것을 지칭하는 말이다."

　　　　(상대가 제시한 단어를 재정의한다.)

3단계 : "반면, 당신의 행위는 위반이고 도박이다."

　　　　(새로운 공격 단어를 제시한다.)

PART 3

승리는 준비된 자의 것이다
_패러다임 전환하기

싸우지 않고 이기는 법도 있다

....호랑이가 으르렁거리는 이유

전설적 검객 미야모토 무사시를 다룬 일본의 명작 만화 〈배가본드〉에는 주인공 무사시의 라이벌 중 하나로 요시오카 세이쥬로라는 사람이 등장한다. 세이쥬로는 무사시를 처음 대면해서 무사시의 목검을 단칼에 베어 버리는 놀라운 솜씨를 보여주고도 본격적인 승부를 거는 대신 술집으로 가 버린다. 그러면서 그가 남긴 말이 인상적이다.

"호랑이가 왜 으르렁거리는 줄 아는가? 상대가 도망쳐 주면 싸우지 않아도 되기 때문이다."

진정한 고수란 이런 것이다. 바로 손자가 말했던 최고의 전략, 싸우지 않고 이기는 것이다. 평소에 '웬만하면 저 사람은 조심하는 게 좋겠군' 하는 인식을 심어 준다면 싸우지 않고 이기는 셈이 될 것이다.

모든 싸움은 전략과 전술로 구성된다. 전략은 싸움의 구도에 해당하고, 전술은 그 구도 안에서 펼쳐지는 플레이에 해당한다. 그러니 아무리 전술이 좋아도 구도 자체가 불리하면 이기기 힘들다. 논쟁도 마찬가지여서, 전략적 입지에서 밀린다면 세 치 혀가 할 수 있는 일은 한계가 있다. 예를 들어, 아무리 달변이라도 직장 상사를 이기기는 힘들다. 결국은 그가 하자는 대로 가는 경우가 대부분일 것이다.

지금까지 우리는 논쟁에서 이기는 기술들을 살펴보았다. 말하자면 전술적 차원의 기술들이다. 그렇다면 전략적 차원에서 고려해야 할 사항은 무엇이 있을까? 손자의 조언대로, 싸우지 않고 이기는 방법은 무엇일까?

....상승常勝보다 무패無敗를 지향하라

사실, 승부의 결과는 그 누구도 장담할 수 없다. 무림의 고수도 언제든 패할 수 있고, 원숭이도 나무에서 떨어질 때가 있다. 전성기 시절의 임요환도 아마추어에게 패한 적이 있고, 축구 종가 영국이 안방에서 한국에게 덜미를 잡히기도 했다. 사자도 토끼 한 마리를 잡기 위해 최선을 다하지만 언제나 성공하는 것은 아니다.

그러니 상승常勝보다 무패無敗를 목표로 하는 게 보다 합리적이다. 호랑이는 승부의 무서움을 알기에 포효한다. 따지고 보면 인생의 매 순간이 승부이다. 승부의 무서움을 아는 고수는 절대 쉽게 싸움에 걸려들지 않는다.

이 책의 목적은 아무에게나 마구 싸움을 걸어 타격을 입히는 무절제한 파이터가 되는 법을 안내하는 것이 아니다. 그보다는 무례하고 치사한 공격으로 자신의 이익과 만족감을 추구하려는 사람들에게 적절히 대응하기 위한 기술을 안내하는 책이다. 피할 수 없는 싸움이라면 맞서 대응해야겠지만, 일부러 싸우러 들어가는 건 어리석은 짓이다.

하지만 살다 보면 어디 그런가? 그 누구도 타인으로부터 말 공격을 전혀 당하지 않고 살기는 어렵다. 말을 무기 삼아 남을 밟고 올라서려는 사람들이 있기에 방심하고 있으면 어느새 기습 공격을 받기도 한다. 그렇게 우리는 일상에서 크고 작은 말의 전쟁을 치르며 살고 있다.

....평소 말과 행동에 무게를 실어라

그런데 자세히 들여다보면, 말 공격을 일삼는 사람들이 같은 상황에서도 누구는 공격을 하고 누구는 공격할 엄두를 못 내는 경우가 있다. 똑같은 비판을 받았는데도, 누구에게는 날카로운 반격을 가하는 반면, 누구에게는 묵묵히 그 비판을 견뎌 내는 것이다. 왜 그럴까?

사실 따지고 보면, 모든 싸움은 이미지 승부이다. 당신이 만일 함부로 건드리지 못할 외모를 하고 있다면 그나마 다행이겠으나, 그러지 않고 겉보기에 부드럽고 하물며 성격마저 순진하고 착하다면? 아마도 싸움꾼들의 좋은 먹잇감이 될 것이다.

한 가지 방법은 평소에 무게감 있는 이미지를 구축해 놓는 것이다. 특히 내게 적대적인 사람 앞에서는 가급적 신중한 태도를 취하고 이야기할 때도 약간 저음으로 느린 듯싶게 말한다. 말투가 빠르면 좀 가벼워 보이고, 그것이 싸움꾼들의 공격 본능을 자극할 수 있기 때문이다. 말을 느리게 하면 성질 급한 공격자들은 제풀에 지쳐 실언을 할 가능성도 있으니 일석이조이다.

또 한 가지 유념해야 할 것은 비판을 최대한 아껴야 한다는 점이다. 논쟁은 결코 칭찬에서 시작되지 않는다. 항상 비판이 논쟁을 부른다. 말 중에서 가장 어렵고, 그만큼 신중해야 할 것이 바로 비판이다. 특히나 나와 권력이 대등하거나 더 높은 상대라면 비판하기가 더욱 어렵다.

그렇다고 평생 비판을 하지 않고 살 수는 없다. 비판이 곧 생존인 상황도 있기 때문이다. 그럴 때를 대비해 우리는 평상시에 미리 기반을 닦아 놓아야 한다. 여기서 기반이란 다른 게 아니다. 평소에는 최대한 비판을 자제하는 것이다. 큰 틀에서 문제가 없다면 작은 일들 가지고 왈가왈부할 필요가 없다.

말은 많이 할수록 무게감이 떨어진다. 흔히 말을 많이 하는 사람을 두고 '말을 잘한다'는 평가를 하는데, 매우 어리석은 생각이다. 정말 말을 잘하는 사람은 말을 많이 하는 사람이 아니라 말의 무게감을 최대한으로 높일 줄 아는 사람이다. 따라서 한 발 더 나아간다면, 아예 평소에 말수를 줄이는 게 혹시 발생할 수도 있는 논쟁에서 유리한 위치를 차지할 수 있는 방법이다.

실제로 '저 사람은 입이 무거워서 어지간한 일에는 말을 잘 안 하는데…'라는 이미지는 막상 논쟁이 벌어졌을 때 큰 이점으로 작용한다. "입이 무겁고 진중한 사람이 이렇게 말할 정도면 정말 무슨 문제가 있는 모양이군"이라는 반응을 끌어낼 수 있기 때문이다. 시작부터 유리한 위치에 서는 셈이다.

마지막으로, 가급적 주위에서 일어나는 논쟁에 거리를 둔다. 물론 논쟁을 두려워한다는 인상을 주면 곤란하다. 참아 준다는 인상을 준다.

패배를 대하는
우리의
태도

....승부는 생물과 같다

언제든 만일 논쟁에 휘말려 악의적인 공격을 받았을 때는 반드시 그에 상응하는 대응을 해 줘야 하며, 그러기 위해서는 적절한 기술을 갖추고 있어야 한다. 그러한 기술들이라면 이 책에서 이미 수없이 소개했다. 부디 언제 어디서든 꺼내 쓸 수 있도록 충분히 익혀 두기 바란다.

    이 기술들은 분명 승률을 높여 줄 것이다. 하지만 승부는 생물과 같다. 아무리 기술을 갈고 닦아도 패배를 당할 수도 있다. 그게 현실이다. 패배를 당하면 수치스럽고 화나고 억울하다. 당연하다.

하지만 우리는 언제든 패해할 수도 있다는 것을 받아들여야 한다. 이 세상에 한 번도 지지 않는 스포츠 선수는 없다. 전설로 남을 만큼 위대해 보이는 선수도 언젠가는 지게 마련이다.

정말로 위대한 선수는 한 번 패배를 당한 뒤에도 다시 최고의 자리로 올라가는 선수이다. 실제로 엘리트 스포츠 교육에서 패배는 대단히 중요한 주제이다.

독일 축구가 일본 축구와 다른 점

예전에 한국에서 선진 유럽 축구를 전파한 적이 있는 크라머 감독이 일본에서 활동할 때 일이다. 당시 일본 언론에게 "독일 선수와 일본 선수의 차이점이 무엇인가?"라는 질문을 받고 크라머 감독은 "골을 먹었을 때의 자세가 다르다"라고 대답했다. 어떻게 다르냐는 반문에 그는 이렇게 흥미로운 이야기를 했다.

"내가 지적하고자 하는 것은 골을 먹고 났을 때 보이는 일본 선수들의 자세이다. 일본 선수들은 그때 실망에 빠지고 의기소침해진다. 플레이도 소극적으로 변한다. 반면, 독일 선수들은 그렇지 않다. 축구를 하다 보면 당연히 골을 먹을 수가 있는데, 그럴 때면 오히려 더 적극적으로 팔소매를 걷어붙이고 골을 빼앗으러 달려 나간다. 이게 일본 선수들과 독일 선수들의 차이이다."

독일 축구는 정신력이 강한 것으로 유명하다. 독일은 월드컵 토너먼트에서 승부차기 대결로 단 한 번도 패배한 적이 없다. 한 번 당하면 낙담하는 대신 당한 것 이상으로 되갚아 주겠다며 더 적극적으로 달려 나가는 자세가 승부차기 같은 극한의 상황에서 경기력을 최대한으로 끌어올리는 힘일 것이다.

한 예로, 2013년 상반기 유럽 축구를 재패한 뮌헨은 전년도에 중요한 대회 결승에서 모조리 패했던 팀이다. 보통은 그 정도면 트라우마가 생겨서 다음 해 성적이 급전직하할 법도 한데 그들은 반대로 주요 대회를 모조리 싹쓸이했다. 졌을 때 아쉬워하거나 낙담하는 게 아니라 더 적극적으로 달려드는 것, 이게 바로 뮌헨을 일으켜 세운 힘이다.

.... 궁극적 승리를 위해

혹시 지더라도 다음 기회가 있다. 처음 한두 번은 완패할 수도 있다. 아무리 노력하고, 고민하고, 갈고 닦아도 질 수 있다. 그럴 때

졌다는 실망감에 휩싸여 더 이상의 승부를 외면하거나 '뭐 질 수도 있지'라고 스스로 위안하는 행동은 옳지 못하다. 깡그리 패한 바로 다음 해에 깡그리 이겨 버리겠다고 다짐하고 현실화시킨 뮌헨 선수들처럼, 패하고 나면 더 소매를 걷어붙이고 다음 기회를 노려야 한다. 이것이 패배를 대하는 자세이고, 궁극적으로 승리하는 유일한 비결이다.

우리의 진실이 왜곡되고 우리의 인격이 상처를 받는 일은 인생을 살면서 무수하게 일어날 것이다. 그때마다 더 강해져야 한다. 그 과정에서 단련된 힘이 다시 우리의 인생을 더 단단하게 할 것이다. 이 책이 그 길에 조금이나 보탬이 되길 바란다.

화내거나 큰소리 내지 않고
이기는 말의 기술
ⓒ 최찬훈, 2014

1판 1쇄 발행 2014년 3월 7일
1판 4쇄 발행 2016년 7월 6일

지은이 최찬훈
펴낸이 고영수

경영기획 이사 고병욱
기획편집1실장 김성수 **책임편집** 허태영, 김경수
마케팅 이일권, 이석원, 김재욱, 이봄이 **디자인** 공희 진미나 김민정
제작 김기창 **총무** 문준기, 노재경, 송민진 **관리** 주동은, 조재언, 신현민

펴낸곳 청림출판(주)
등록 제1989-000026호

주소 06048 서울특별시 강남구 도산대로38길 11(논현동 63) 청림출판
제2사옥 10881 경기도 파주시 회동길 173 청림아트스페이스(문발동 518-6)
전화 02)546-4341
팩스 02)546-8053
홈페이지 www.chungrim.com
이메일 cr2@chungrim.com
페이스북 http://www.facebook.com/chusubat

ISBN 979-11-5540-011-1 (13320)

※ 이 책은 저작권법에 따라 보호를 받는 저작물이므로 무단전재와 무단복제를 금합니다.
※ 책값은 뒤표지에 있습니다. 잘못된 책은 구입하신 서점에서 바꾸어 드립니다.
※ 추수밭은 청림출판(주)의 인문교양 브랜드입니다.